李兆芳民歌演唱
艺术人生

Li Zhaofang's
Folk Songs Singing Art Life

李兆芳 ◎ 口 述
刘 萍　王培源　吕季明 ◎ 编

扫描二维码
聆听李兆芳民歌演唱

文化艺术出版社
Culture and Art Publishing House

图书在版编目（CIP）数据

李兆芳民歌演唱艺术人生 / 李兆芳口述；刘萍，王培源，吕季明编. — 北京：文化艺术出版社，2022.6

ISBN 978-7-5039-7238-6

Ⅰ.①李… Ⅱ.①李…②刘…③王…④吕… Ⅲ.①李兆芳—传记 Ⅳ.①K825.76

中国版本图书馆CIP数据核字（2022）第071034号

李兆芳民歌演唱艺术人生

口　　述	李兆芳
编　　者	刘　萍　王培源　吕季明
责任编辑	原子婷
责任校对	董　斌
书籍设计	雪　原
出版发行	文化藝術出版社
地　　址	北京市东城区东四八条52号（100700）
网　　址	www.caaph.com
电子邮箱	s@caaph.com
电　　话	（010）84057666（总编室）　84057667（办公室） 　　　　 84057696—84057699（发行部）
传　　真	（010）84057660（总编室）　84057670（办公室） 　　　　 84057690（发行部）
经　　销	新华书店
印　　刷	国英印务有限公司
版　　次	2022年6月第1版
印　　次	2022年6月第1次印刷
开　　本	710mm×1000mm　1/16
印　　张	14.75
字　　数	157千字　插页16
书　　号	ISBN 978-7-5039-7238-6
定　　价	68.00元

版权所有，侵权必究。如有印装错误，随时调换。

李兆芳近影

1956年在前卫文工团和王音旋（左）演唱《撒大泼》

1956年8月入伍

1958年李兆芳民歌独唱剧照

1962年演出歌剧《白毛女》剧照1

1962年演出歌剧《白毛女》剧照2

1962年演出歌剧《白毛女》剧照3

1972年为某海岛解放军慰问演出

1978 年在歌剧《洪湖赤卫队》中饰演韩英

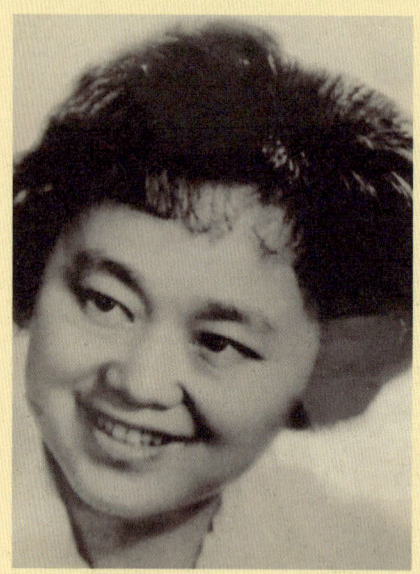

1980年在上海唱片社录制唱片时留影

1981年和王音旋(中)、韦友琴(左)在上海唱片社合影

1999年5月李兆芳、孔德宏夫妇和著名电影演员、战友王玉梅（中）在一起

2020年和郭淑珍教授（左）、孔德墉会长夫人（中）合影

2020年李兆芳和中央音乐学院女高音歌唱家、声乐教育家郭淑珍教授（左）

2020年11月临沂大学副校长张立富为李兆芳颁发客座教授聘书

2020年11月在临沂大学音乐学院与老师等合影

2020年12月世界孔子后裔联谊会会长孔德墉先生（中）为李兆芳题词

2020年12月在山东歌舞剧院艺讲堂主讲山东民歌的演唱风格及特点

2020年12月山东歌舞剧院院长张积强为李兆芳颁发特聘专家证书

2021年4月参加中国音乐学院新山歌社举办的山东民歌专场活动

2021年4月在中国音乐学院新山歌社教唱山东民歌时与曹文工（左二）、阎维文（右二）、张天彤教授（右一）等合影

2021年4月在中国音乐学院教唱山东民歌后与歌唱家阎维文合影留念

2021年4月李兆芳和中国音乐学院著名教育家、演奏家、指挥家曹文工教授

2021年4月李兆芳和中国音乐学院张天彤教授

2021年5月在济南市青少年宫为蒙阴县和青少年宫近200名青年音乐教师传承山东民歌讲座后留影

2021年6月参观长清大峰山革命根据地纪念馆

济南长清大峰山革命根据地纪念馆中有关李兆芳的图片及文字资料

李兆芳先生简介

  李兆芳，女，中共党员。现为中国音乐家协会会员、山东省音乐家协会会员、山东歌舞剧院特聘专家、临沂大学客座教授。曾任山东省青联委员、齐鲁文化艺术名家艺术讲坛民族声乐与歌剧艺术总顾问、山东国际文化发展交流中心艺术顾问、山东省红领巾艺术团声乐艺术顾问等多项荣誉职务。2016年3月出席中共山东省文化厅直属机关第七次党员代表大会，并多次被评为山东省文化系统先进工作者和优秀党员。

  1936年出生于山东省长清县西三里庄（现济南市长清区西三里村）。农民出身，曾任农业合作社副社长。1956年3月在山东省音乐舞蹈会演中，她演唱的《绣金匾》等歌曲获二等奖，从此脱颖而出，后被选送到山东省群众艺术学校训练班学习深造，受到高玉明校长以及山东省艺术馆苗晶馆长和魏占河、王传坤、萍生、刘继中等山东民歌专家的指导培养，从而在山东民歌事业方面打下了基础。

  1956年8月，被特招为济南军区政治部文工团声乐演员，其间和著名歌唱家王音旋合作演唱临清时调《撒大泼》，并任山东民歌独唱演员。1958年7月转业至山东省歌舞团任声乐演员。

1961年，在山东省歌舞团中国原创民族歌剧《白毛女》中扮演主要角色喜儿和白毛女。自1962年4月起连续演出数百场《白毛女》，受到省领导和观众的高度评价。

此后，李兆芳又连续主演歌剧《农奴戟》《夺印》《红梅岭》《洪湖赤卫队》等，还在芭蕾舞剧《白毛女》中担任配唱，其中《北风吹》等十余首独唱全部由李兆芳担任。她还担任舞蹈《做军鞋》中的独唱。1978年上半年重排歌剧《洪湖赤卫队》，她成功饰演了韩英这个角色。

李兆芳曾多次在文艺调演中获奖。1979年在山东省民歌调演中其演唱的《对花》等获优秀节目奖。1980年参加全国声乐比赛展演并获好评，同年在山东省独唱调演中演唱《俺真想去看看他》等获优秀演唱奖。代表曲目有《对花》《赶集》《四季花开》《十七八多》《送郎应征》等。

李兆芳数十年中还多次为党和国家领导人演出，并参加联谊活动，并且多次为友好国家领导人演出。

李兆芳演唱作品入选国家艺术科研重点项目《中国民间歌曲集成》、《20世纪中华歌坛名人百集珍藏版——歌坛名人2》、《中国民歌唱片集》(胶片)、《山东民歌选辑——沂蒙山小调》(由王音旋、李兆芳、韦有琴三人演唱)、李兆芳女声独唱《送郎应征》(胶片)。上海唱片厂为她演唱的山东民歌录制了唱片和盒带专集。她还为电影《平鹰坟》配唱山东民歌《沂蒙山小调》等。

李兆芳先生还多次应邀赴中国音乐学院、山东师范大学、临沂大学等院校授课，并参加民歌艺术交流活动，受到师生们的热烈欢迎。这些活动为推进新时代山东民歌的研究、发展与传承起到了积极的引领作用。

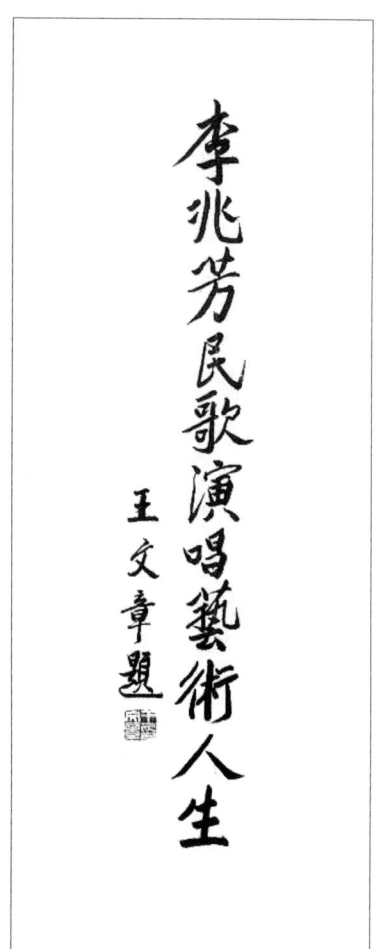

原文化部副部长、中国艺术研究院名誉院长、全国政协委员、博士生导师王文章先生题词

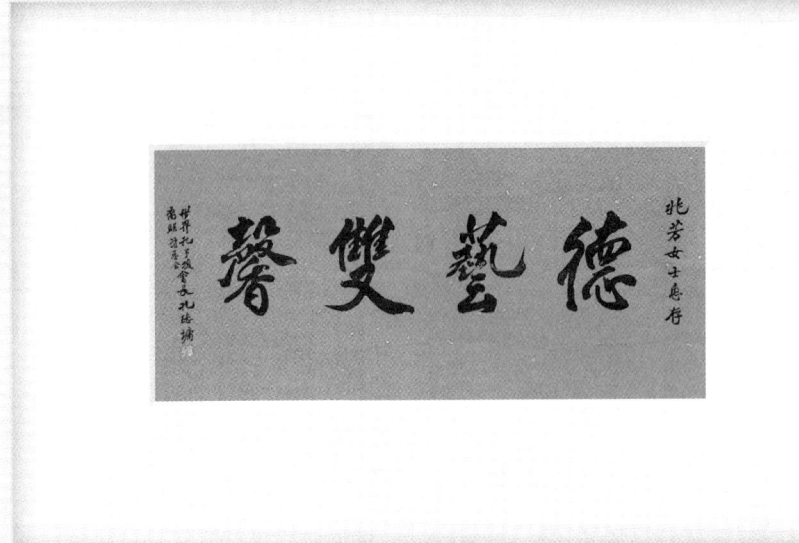

孔子第 77 代孙、世界孔子后裔联谊总会会长、孔子世家谱续修工作协会会长孔德墉先生题词

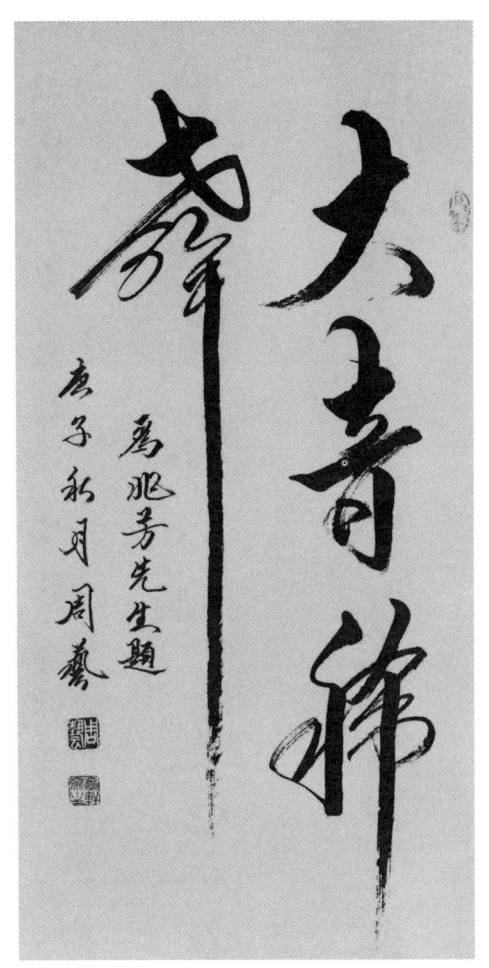

山东省文化厅原副厅长周艺先生题词

致敬山东民歌演唱家李兆芳

山东民歌 源远流长
凝练升华 艺坛芬芳

庚子中秋 其文

北京大学王其文教授题词

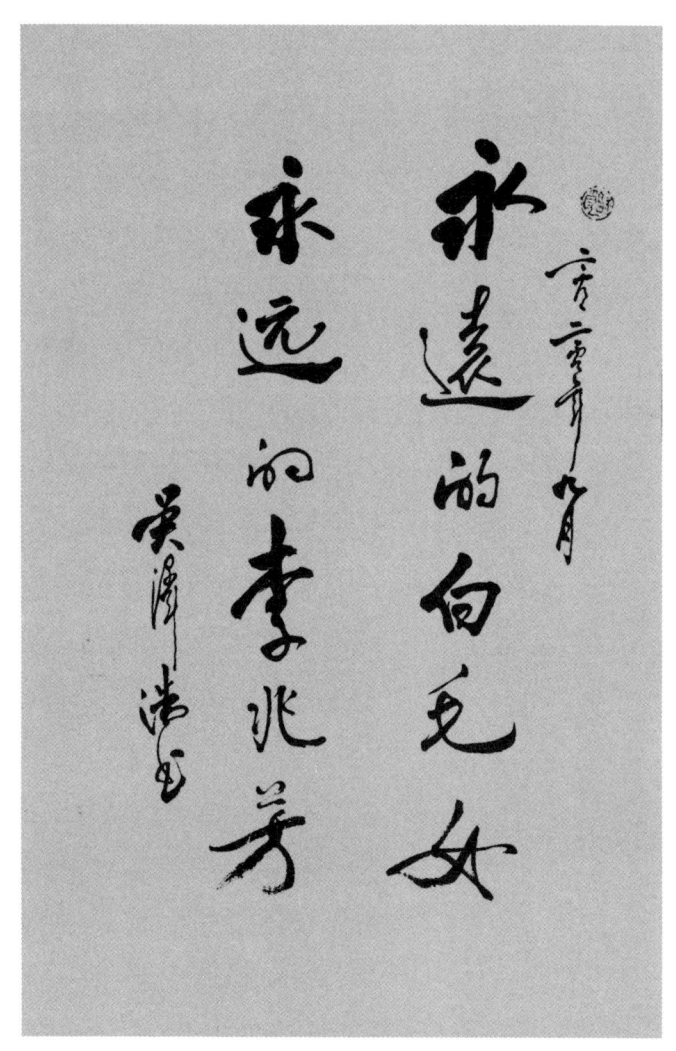

国画家、国家一级美术师、中国美术家协会会员、中国书法家协会会员吴泽浩先生题词

让优美的山东民歌永世流传

欣闻山东长清同乡、山东民歌演唱的代表人物李兆芳所著《李兆芳民歌演唱艺术人生》即将付梓，从书名上我便感觉这是一本值得向全国民歌演唱者和爱好者们推荐的专业书籍。

书中记叙了著名山东民歌演唱家李兆芳的成长史及演唱艺术，全景式回顾了山东民歌在新中国表演舞台上的展演及弘扬过程，呈现了山东民歌演唱家群体几十年精彩的舞台人生，阐述了山东民歌鲜明的艺术魅力、表演价值和训练价值。这正是本书的精华所在，为此我深感欣慰。

李兆芳退休前供职于山东歌舞剧院，长期担任独唱演员，是全国成名较早的民歌演唱家，更是山东民歌杰出的演唱者、继承者和传播者。她聚一生之力，立足山东民歌舞台，集普及表演、理论融汇和传承教学于一身，做出了可贵的实践探索，取得了丰硕成果，以丰富的生活积累和舞台实践塑成的民歌演唱艺术，深得广大观众的欢迎和业界专家的敬佩。

《李兆芳民歌演唱艺术人生》选取了李兆芳在不同历史时期

的成长截面，以她所演唱的不同特色的、具有经典代表性的十几首山东民歌为引绪，同时以口述历史的亲切直白的口吻，表达了她对山东民歌的执着和奉献。那些蕴含了民俗民风元素的山东民歌艺术，在李兆芳的演唱和表演形式上趋于高度成熟，她演唱过的很多山东民歌，现已出现于全国各大艺术院校的必修课程和表演艺术院团的舞台演出中。

中华文明源远流长，在这个博大精深的艺术宝库里，山东民歌艺术就像璀璨的明珠分外绚丽夺目。民歌展示着民族情怀的深层底蕴，将民族文化心理的细腻特征、审美取向作为演唱风格的基本特色。就山东民歌而言，地域因素和历史形成的生活环境因素决定了山东不同地区的民歌出现、变异、发展和定型的条件。齐鲁方言属于中国北方方言，在声韵和吐字上没有明显的"方言分裂"现象。再则，山东靠近京津，历史上农业、渔业、手工业和交通较为发达，民风淳厚，乡曲深蕴，民绅尚礼，重乐崇文，这为山东地区各类民歌的出现、传播和积累提供了极为重要且广泛的成因。

山东方言的四声，在语音学音韵学中规律性地对应了普通话中的四声现象（轻声除外），这在现代汉语言尤其是现代民歌声乐研究中，是一个极为严谨而有趣的声腔现象。除鲁南地区之外，山东方言较之南方方言，没有齿尖音，因而山东民歌演唱中多有鼻腔的声效而形成独特的发音习惯。如山东民歌《包楞调》的演唱，就具有地域性的鼻音发声的腔体色彩。再则，山东民歌中吐字的"儿化音"现象很多，这也是山东民歌中的一大特色，例如"赶集儿""姐儿我""钢针儿""麻线儿"等词句，这就说明山东方言为山东民歌风格及本地演唱家咬字特点的形成提供了具有历史原发性和大众起始性的方言基础，生活口语，亲切自然。其实这种"儿化音"现象在湖北民歌和陕北民歌中也同样存在。这从学术意义上来认知，是一种独具语体色彩的审美意境，是一种地域方言"唱出来"的旋律外化，也是一种个性化唱词与音乐高度契合的必然。从演唱方法的角度看，"民族美声""民族戏曲""民族通俗"为民族唱法的三种分类，我建议将各地原始民歌的唱法拓展为"民族传统"，作为民族唱法的第四种分类。李兆芳的演唱正是运用、深化了这种演唱方法，从理论上讲也正属于"民族传统"这类学术概念的范畴。

　　李兆芳既是小我一旬的老妹，又是早就彼此相知的山东老乡和声乐同行。她不到20岁就担任长清县辖区内农业合作社的副社长，1956年调入济南军区政治部文工团担任独唱演员。丰富的乡村生活和长期的基层工作经历，加上她直爽诙谐的性格和方言优势，让她的演唱更具地道的山东韵味。她的演唱艺术逐年精进，形成了浓郁的演唱风格和鲜明的声腔特色，在被同行称道、观众认可的同时，也为山东民歌艺术留下了一段令人敬佩的舞台佳话。

　　李兆芳早在20世纪五六十年代，就曾多次参加全国及省、地、县文艺会演，1958年山东省歌舞团建团后即成为台柱子演员，在《白毛女》《洪湖赤卫队》等大型歌剧中担纲主演。她演唱的《送郎》《赶集》《撒大泼》《绣花曲》《十七八多》《对花》《新媳妇走娘家》《打盖垫》《四季花开》《绣荷包》等民歌广受好评并被灌制成唱片。演唱的创作类代表曲目还有《小小钢针穿麻线》、故事片《平鹰坟》的插曲《沂蒙山小调》等，为全国民歌曲库珍存了一批无价的音频史料。她精彩的民歌演唱艺术，已成为齐鲁文化和齐鲁新文化中极其珍贵的财富。

《李兆芳民歌演唱艺术人生》一书即将面世，我在此向李兆芳表示祝贺，同时谨以此序言寄望山东民歌演唱团队的全体艺术家，让根系中华传统文脉的山东民歌永世流传，让具有齐鲁风情、东方美韵的山东民歌唱响世界。

民歌民心，民歌国魂，民歌言情，民歌咏志，是为序。

2021年10月2日于中央音乐学院

让优美的山东民歌永世流传

郭淑珍　祖籍山东长清，声乐大师，中央音乐学院资深教授，《黄河大合唱·黄河怨》主唱

知音见采　遍唱阳春
——写在《李兆芳民歌演唱艺术人生》出版之际

李兆芳是我院老一辈独唱演员、特聘专家、全国著名山东民歌演唱家。在《李兆芳民歌演唱艺术人生》一书出版之际，我代表全院演职人员向李兆芳表示祝贺。

《李兆芳民歌演唱艺术人生》一书选取了李兆芳在不同历史时期的成长截面，以其所演唱的不同特色的、具有经典代表性的多首山东民歌为引绪，讲述了山东民歌的演唱方法，记叙了其为山东民歌常驻舞台、普及传承所做出的可贵探索成果。该书以口述历史的笔风，回顾了山东歌舞剧院自1958年建立以来重要的业务事件和演出业绩，以及李兆芳丰富多彩的艺术生活等方方面面。

凝结了民族文化智慧的民歌，是中国音乐艺术的底脉和灵魂。民歌艺术以独具特色的文化内涵和精神境界，展示着人类文化的瑰丽和风光，是祖国音乐艺术宝库中的珍品。于劳动、爱情、生活、叙事中衍化而来的民歌，是人们抒发感情和情趣的艺术性外化。这种以唱代言的形态，将民间口头文学凝结为唱词，与以方言语调为声腔走向的旋律共熔一炉，充满着浓郁的生活气息，洋溢着美好与和谐的灵悟，彰显了强大的艺术感染力和传播力。民歌中流韵的民族性格和文化自信，千秋耸立；民歌为中华儿女遗存的艺术财富，百世流芳。

由齐鲁民风民情形成的山东民歌，质朴淳厚，诙谐风趣，展示了历史纵深背景下的文化积淀。自中华人民共和国成立以来，以李兆芳等为代表的我院演唱家群体，作为山东民歌演唱和传承的主力团队，将丰厚的生活积累和演唱技能融入舞台实践，加入不同地域的方言元素、声腔特色、技巧处理、个性配器和表演风格，从而以"复合性基因"建构并演绎了山东民歌历久弥新的生命力，同时通过传媒运作，加快了山东民歌的普及，引领了山东民歌传唱的风尚，提升了山东民歌的学术地位，扩大了山东民歌在国内外的影响力。

作为民俗史学和大众美学的艺术体现，民歌已融入我们的生活。当代民族音乐作品中"民歌交汇"理念、"民歌启发"意识的脉动，已形成创作、演唱和演奏的自觉趋向。民歌的生成虽有其偶然性，有其原生性的浓缩条件与启示动机，激发并创作出新民歌、新民谣、新民乐却成为必然。齐鲁大地上，还有谁不知晓《沂蒙山小调》？还有谁不会唱《谁不说俺家乡好》？还有谁没听过《夸山东》？我们在熟悉得已不经意的民歌声中长大，在民歌的柔美声中迎来爱情，在民歌的抒情声中享受生活，在民歌的豪迈声中创造人生。当优美的民歌在耳边响起的时候，我们都会由衷地赞美今天、憧憬明天。

李兆芳在民族歌剧的演唱中也颇有建树，在60年前我院排演的歌剧《白毛女》中，她成为山东第一位饰演喜儿（白毛女）的演员。她饰演的《洪湖赤卫队》中的韩英、《夺印》中的胡素芳、《红梅岭》中的冷翠、《农奴戟》中的洪英、《沈秀芹》中的沈秀芹等女一号角色，广受观众好评。李兆芳以精彩的个性唱法和大体量的高频演出，连接起民歌与民族歌剧、民歌与人物戏路、民歌与形体表演之间相通的内在脉络。历经舞台磨砺，这支脉络始终贯通着李兆芳的艺术人生。

传承民歌可以洞悉历史并滋育人生，在传承的基础上拓展、派生、弘扬民歌形式的多样化，我们期待拓宽并加快这个进程，因为民歌是我们血脉中的音乐。

"若有知音见采，不辞遍唱阳春。"新时代揭开了民歌艺术的崭新篇章，老一辈演唱家们继续耕耘着民歌圣地的每一寸光阴，促动着民歌艺术的繁衍与繁荣。大量传唱已久的优秀民歌作品，经过新一代演唱家们的精心演绎，焕发出勃勃生机和时代活力。欣赏着那一首首优美动听的民歌，我们回溯了乡愁岁月的温情，体验了咏怀人生的快意。

《李兆芳民歌演唱艺术人生》一书，作为我国著名民歌演唱家的成长传记、我省关于山东民歌课题研究的参考性资料和山东歌舞剧院院史中的纪实文卷，值得推荐，值得存阅。

张积强

2021年8月18日于山东歌舞剧院

张积强　山东歌舞剧院党委书记、院长，山东省戏剧家协会主席，山东省文化艺术科技协会名誉会长，国家一级编剧（二级教授）

目 录

第一章　老家在长清　　　　　　　　　　　　001

第二章　在济南军区政治部文工团的日子　　　016

第三章　在山东省歌舞团的日子　　　　　　　028

第四章　赶上"文化大革命"　　　　　　　　051

第五章　进入改革开放新时期　　　　　　　　063

第六章　最美还是夕阳红　　　　　　　　　　079

第七章　我的民歌人生　　　　　　　　　　　108

第八章　家庭　　　　　　　　　　　　　　　123

附录 1	141
附录 2	174
附录 3	181
附录 4	186
附录 5	193
附录 6	209
后　记——传承山东民歌　感恩伟大时代	210

第一章 老家在长清

第一节 "小旺"生在农民家

我是山东省长清县西三里庄人，叫李兆芳，小名叫"小旺"，到现在还有人叫我"旺姑"。1936年农历七月十五，我出生在一个贫苦的农民家庭。父母都是文盲，一个字不识，我父亲连自己的名字都写不了。父母共生了7个孩子，其他的孩子都死了，前面几个孩子的情况我不知道，我是老五，第六个也是女孩，3岁长麻疹死的。我还有个弟弟，小名叫"三妮"，他5岁的时候我们家失火，被烧以后感染，浑身起大水疱，后来发高烧而夭折。家里孩子的死大都是因为家里穷，有病治不起，经常吃了上顿没下顿。生了这么多孩子，就活了我一个，真的成了宝了。虽然家里很穷，但是我不缺父母的爱。

我父亲叫李毓卿，他16岁就开始学厨，学出来以后就在天津市

李兆芳父亲李毓卿

一个私人家庭里面当厨师。这个家庭很富裕,有厨师、老妈子等。父亲一直跟着这家人。这家人是南方人,1945年、1946年的时候,战乱很厉害,所以这家人就要迁回南方。南迁时,这家人想带我父亲一起走,我父亲因为家里还有妻子、孩子,去不了,就从天津回老家了。

我父亲兄弟三人。老大扎着个小辫，白头发，那是我大爷，他死的时候我还有印象。我父亲是老二。还有一个老三，死了。因为家里穷，我父亲结婚比较晚，29岁才结婚。我母亲比我父亲小9岁，是长清县小王庄人。长清县在黄河边，西三里庄和小王庄分别在河这边和河那边，离得挺近的。

第二节　上了几天学

到了1948年下半年，就是济南解放前后这一段时间，我上了几天学。那时候我已经12岁了，当时我们村里有所学校，不是私塾，但是条件非常差，桌子什么的都没有，学生要自己拿着板凳去上学。这个学校就在我们村的最东头，大概有两间小屋，我们叫"北屋"，里面什么也没有，就是一个土坯房。前面是个庙，这个庙里有个什么神，龇牙咧嘴的。上学的时候，每个人拿一个凳子，然后拿一块小石板，石板边是木头的，再买几管滑石笔。自己搬着凳子，拿着小石板，再拿几根滑石笔就去上课了。当时我们那个老师姓李，叫李鹤岭。我们去了之后，就把自己搬的小凳子往那儿一放，然后找几块砖头垫上坐着，没有纸，也没有书，什么都没有。老师在小黑板上面教我们写字，我记得老师在上面写的第一个字就是大小的"大"。他一讲一说，我们就在底下拿小石板学着写，写完了一擦，再接着写。我印象当中就是这样开始上学的，上了没有半年时间。

第三节　12 岁成了整劳力

我上学很多人有意见，特别是我一个叔伯哥哥，找我父亲说："二叔，你不能让小旺上学，女孩子哪有上学的，上了学，将来有了文化，结了婚还不是人家的人嘛，白花钱。"我这个叔伯哥哥曾找过我父亲好几次，劝说父亲不让我上学。后来我就不上学了，一个原因是兵荒马乱；再一个原因是家里穷，没人干活，我还得干农活。我虽然是个女孩子，但家里把我当男孩子用，庄稼活我父亲都带着我去干，没有我不会干的。现在虽然不干活了，但是推车子、耕地、耙地，我都会。我们家有几亩地，在我们庄西边有一亩地，是最好的；在北边靠河边有一块三角地，也有一亩多；还有一块地我们叫"担杠子"，这块地离我们家最远，有五六里地。这块地不好。它为什么叫"担杠子"？因为这块地两头洼、中间高，只要一下雨，南山上下来的水就把这块地从中间冲开了；也不肯长庄稼，就是长了庄稼，一来大水就冲一条大沟，把庄稼也给冲了。我和父亲每年都会在那里刨地、弄沦子（小坝），到夏天一下雨，这块地就被水冲开了，没办法，只有等到秋天再把它垒起来。那时种地不管收成如何都要交粮。

1948 年，我也 12 岁了，在家里当一个整劳力用，什么活都得干。我父亲过去是厨师，比较讲卫生，爱干净，种的地有根草他也得拔掉。那时候没有表，也不知道几点，早上天不亮的时候，他就把我叫起来："小旺小旺，起来干活了。"我那时候扛着锄头，到"担杠子"那里，跟着我父亲去干活，那么远，也不敢说苦。从地这头锄到地那头，锄一趟得半个小时。一出太阳，我母亲就送饭来了。那时候的饭很简单，就是一点儿水、咸菜和窝窝头。在那个时候，我就是主要的劳动力了。开始的时候，小独轮车都是我父亲在推，我在前面拉个小绳，后来我稍微大一点儿就是我推，我父亲在前面拉着，所以农村的这些农活我都会干。

第四节　来了解放军

　　1948 年中秋节前，有一天早上，大街上来了很多当兵的，那时候叫解放军。这么多当兵的挨家"号房子"，就是在这家住几个人，在那家住几个人。我们家也给号上了，住了一个班，他们都是打地铺。这些战士对我特别好。他们经常出去，稍微吃点儿好一些的东西就给我拿回来点儿，有时候是半个窝窝头，有时候是半个馒头。有一天，他们突然集合走了，上哪儿去了不知道。我们村离济南很近，有 20 多公里，他们走了以后，我们就听见济南那边传来大炮声，我印象中可能有两三天，那时候听大人们说解放军打济南了。

　　过了一个礼拜左右，这些解放军又回来了，回来以后原来住在哪里还住在哪里。这时候听说是解放了济南了，这是 1948 年中秋节后不久。中华人民共和国成立以后，庄里有一个姓王的村党支部书记，原来是做地下工作的，他在我们村里原来地主家的两间小房子里，办起了扫盲班、夜校、识字班，我都参加了。那时候没有电灯，都点个小油灯，我从那个时候开始学的拼音，如ㄅ（玻）、ㄆ（坡）、ㄇ（摸）、ㄈ（佛）。

1949年至1953年,村里面过年过节都会玩灯、踩高跷。我父亲总归是在天津待了这么多年,虽然没有文化,但是思想还是比较开放的,他对我参加这些活动并不反对。在刚解放那个时候,像我这样的女孩子,跟男孩子一块参加这个、那个活动,大家都会议论。我处在裹小脚的年代,但我父亲说不要给我裹小脚了。他非常支持我参加活动。当时在村里,我是积极分子,不管别人说什么,我什么活动都参加。我父亲很喜欢在村里做一些服务工作。譬如说,过年过节玩灯的这套工具、乐器,包括锣、鼓之类的,用完了以后,我父亲都收起来,放在我们家里,第二年用时再拿出来,我现在还有一个"小台台"——小锣。那时候这些活动我基本都会参加,平时没有时间光干活了,就是过年才出来搞点活动玩玩,这也让我养成了争强好胜的心理。

第五节　东王完小的艺术启蒙

1953年下半年,我们那里有一个学校,叫东王完小,在招生。过去完小不是每个村里都有,在本村上到四年级后,要再上别的村去上完小学(五、六年级)。这个完小是附近几个村子一块办的,几个村里的小学生四年级毕业以后,考上的就到这里来上完小。我当时上过识字班、扫盲班之类的,有人就说:"兆芳,你应该去考完小。"我想我上了这么点学能考上完小吗?人家说:"你去,你去。"我也有点儿天不怕地不怕的,跟父亲一说,他同意了,我就去考了。我们村里只有我一个女孩去考了。这个完小在东王庄,离

1955年演出歌剧《刘巧儿》剧照1，饰演刘巧儿

我们村有5里地，七八个村子就这么一个完小。结果我考上了，考上以后就正式上了两年学，学语文、算术、地理等课程。但是课余还得干活，那时候家里农活很多，全是自己干。那时有牲口的人家耕地，没有牲口的人家，人多的就拉着犁。我们家没有牲口，人也少，就是拿着锄头一锄一锄地刨地、翻土，就我和我父亲干，所以这段时间我一直没有落下农活。

在两年完小期间，我在学校里很努力，很积极，是全校的文艺委员。学校里大家一块唱歌，我还站在小凳子上打拍子。当时我们的老师叫张家兴，他负责学校里的美术、体育、文艺活动，他就找一帮学生排戏。我记得我参加表演的第一个戏是《小女婿》，有点儿像评剧，就在学校里排练，排练完在学校里演。《小女婿》的内容是讲述一个小姑娘，十四五岁，嫁给了一个七八岁的小男孩。我在这个戏里担任主角，这时候就算是学校里的文艺活动骨干了。在完小毕业前，张家兴老师还组织学生排演民族新歌剧《刘巧儿》，我在剧中成功地扮演了主角刘巧儿，受到师生们的好评。

长清县有个文化馆，那时候文化馆里面的人经常深入基层，对各个村的情况了解得非常清楚，如哪个村里有几个会唱歌的、会演戏的骨干之类的。学校里的文艺活动我都参加，包括演戏、体育活动。老师每天早上领着学生跑步，最后就剩我一个女生跟着男生一块跑，于是我就参加了县运动会的200米、400米赛跑，其中200米赛跑还得了第四名。1955年我就从学校正式毕业了，还发了毕业证。

1955年演出歌剧《刘巧儿》剧照2，饰演刘巧儿

1955年长清县东王村完小毕业照

第六节　合作社的女副社长

完小毕业之后我就回农村了。我回到农村就正好赶上合作化运动，全国都在搞农业合作化运动。各个村里面的年轻人都很积极，都在一块说"咱们成立合作社吧"。那时候我们村里的几个年轻人也商量成立合作社。成立合作社不需要上级批准，大家在一块一说就成立了。我不是刚毕业嘛，回到农村，在各方面都很积极。那个时候还掀起了农业合作化运动的新高潮，全国都学习郝建秀，特别是完小毕业的人。郝建秀是完小毕业的，完小毕业的学生都非常崇拜她，而且心目中都有一个目标，就是要当"郝建秀"。我这时候也有想要在农村里大干一场的想法。年轻人在一块，就是讲形势，大家都赶快跟，当时有五六个人，女的就我一个，晚上大家就在一块商量，人家都成立合作社了，咱们也成立吧。然后大家都说"行啊"，都同意，就让我当副社长了，但是这个副社长我一天也没干过。

第七节　参加县文艺宣传队

1955年下半年，长清县文化馆的李继凡来找我，长清县要成立一个宣传队，宣传党的合作化运动、党的方针政策，然后我就到了县文化馆。我积极排演节目，到长清县的各个大村里面去演出。我们宣传队大部分人是县文化馆的，来了有十来个人，然后在下面各个村里又找了几个人，我是其中一个。我记得有一个大柿子园村的林东生，还有我的一个同学叫刘秀婷，她也是大柿子园村的。找的这些人都是农民，都是从农村里叫上来一块搞宣传活动的。我那时候排了一个节目叫《拾棉花》，是我和刘秀婷排的，这个节目就两个角色——姐姐和妹妹，我演妹妹。学唱就是别人一句一句地教，教完了就唱。下去演出都是走路，不要说有车，什么也没有，有二胡的就自己背着二胡，我什么也没有，就是有嗓子。这个村演完了又到那个村演，这半年当中，县文化馆馆长付殿三领着我们把长清的大村基本上走遍了，演遍了。到了村里之后人家都管饭，睡觉就是一张大床。那时候也不觉得苦，还觉得挺高兴的。我参加了县宣传队，到各个村去演出，宣传党的合作化政策。演出的节目有小品，有舞蹈，也有演唱，我就是演唱的。在这个时候，听说省里面要搞农民会演，文化馆就在县里面组织会演选拔，《拾棉花》这个节目就被选上了。选上以后要到地区里面去演出。那个时候分地区，如泰安地区、聊城地区、淄博地区，长清县属于泰安地区，我们就到泰安地区去参加会演。会演以后，《拾棉花》这个节目没被选上，但我被选上了。这个节目是我们两个人演出嘛，但刘秀婷没被选上。这时候我就准备到省里来会演。听说有人不同意让我来省里参加会演，说这个人才是我们地区的，到了省里，省里一留下，我们地区就没有了，最后还是同意让我参加。但是原来两个人的节目，现在只剩我一个人了，怎么办呢？地区就找人教了我一首《绣金匾》，女声独唱，这首歌有三段歌词，我只学了两段，但是学得非常认真。

第八节　第一次登上全省文艺会演舞台

　　1956年3月,我们到省里来参加会演了。各个地区的代表团都来参加会演,地点在山东剧院。那时候山东剧院刚建设好,金碧辉煌的,我当时来了,真是刘姥姥进大观园,第一次坐火车,第一次坐汽车,第一次到这个剧场,真是没有见过,感叹怎么还有这么好的地方。当时我们都住地下室。参加会演的人中有一个叫袁素春,她是聊城地区茌平县的,当时演员都得登记,在她登记的时候,我一看她写着她是农业社副社长,就对我们领队说,我也是副社长,能不能写上?领队说当然能写,怎么不能写?就这样我也登记了副社长。袁素春是头一天演出,她唱的是《五哥放羊》,那时候我觉得怎么有这么好听的歌,下面观众的反应也很热烈。第二天的《大众日报》就有关于她的报道。我第二天演出,报幕的说我是副社长,唱《绣金匾》,下面观众的反应也很热烈。我当时是19岁,没见过什么世面,又长得黑点儿,像小孩一样,观众觉得"农村的小妞真不错"。第三天《大众日报》也有关于我的报道。在这中间还有一些小插曲,比如说,我第一次到济南,从来没见过那么多电灯。我们领队就领着我们这帮"土包子"到纬二路去走走看看,见见世面。那时候没有公交车,全是走路。我第一次见瑞蚨祥被惊得没法形容,怎么还有这么好的地方,那个布一排一排地摆着,真是看不够,眼睛不够用的。再比如说,我在泰安第一次吃大米饭,不会吃,盛上一碗米饭一粒一粒地吃,心里想着什么时候能吃饱,这碗饭什么时候能吃完呢。后来就有人教给我怎么吃,也就会吃米饭了。

　　会演结束后，进行评选，我评上了二等奖，袁素春的那个歌比较完整，她评了一等奖。评选完了以后，各个地区的就要回原地区了。这时候，领导让我和袁素春先别走，把我们俩留了下来，然后就送我们俩到山东群众艺术学校学习。当时这个学校是单独的一栋大楼，周围都是庄稼地和坟地。大楼里面有办公室、排练室、礼堂、宿舍等。当时的校长叫高玉铭。这个学校的任务就是把下面各个县里的文艺骨干调到上面来培训半年。我们俩就在这个学校里跟着老师们学习了。原来我只知道数字1、2、3、4、5、6、7，现在知道了它们的新名字——哆、来、咪、发、索、拉、西。学校每个月还给我们发19块钱，开始没发钱的时候就给我们饭票，因为我们什么津贴也没有。当时我就觉得这19块钱了不得了，舍不得吃，舍不得花，给家里父母每个月寄5块钱，自己还剩十来块钱，吃饭加上置办自己的穿戴、被褥等东西，都在剩的这些钱里面。我正儿八经地成了一个学生，又正儿八经地过上了集体生活。那时候我们都是住集体宿舍，上下铺，我在上面，袁素春在下面，她比我大一点儿，我叫她姐姐，后来大家都叫她"元素"。在我们这些人当中，我感觉她比较成熟，那时候她已经是党员了，大家都把她当作小姐姐，我们俩就在一起学习。我在这边的第一个老师叫巴木兰，教我们乐理、节奏、唱歌。那时候我感觉她有三十来岁，个子也不矮，1.68米左右。学校里有好多老师，有教音乐的，有教琵琶的。教二胡的是当时山东很有名的李新学老师，后来他成了山东艺术学院音乐系的系主任，跟我很熟。还有一个姓王的老师，他是管总务的。

他们都叫我"小李",因为我看着像小孩。这是我走到文艺行业的第一步,也是我第一次比较正规地学习哆、来、咪、发、索、拉、西。上课就是上声乐课、乐理、视唱练耳、节奏、节拍之类的。

农民会演中也有很多优秀的节目,学校让我和袁素春两个人排了其中一个节目——《撒大泼》。《撒大泼》是两人对唱的节目,它是曲艺形式的,叫临清时调。袁素春扮演妈妈,我扮演闺女。袁素春比我水平高一些,她是初中毕业,参加过两次会演。她会识谱,学得快,基本上是她教我。我们俩就排了这个节目,有时候到山东剧院去演出,也挺轰动,要不然前卫文工团怎么会知道我呢?一个是我参加过会演,另一个就是演出的这个节目反响很好。

《撒大泼》的内容是讲述一个农村的大姑娘,29岁了,没结婚,跟她妈撒泼,要婆婆、要丈夫。贯穿这个故事的主线就是这个女孩子向她妈要婆家,她妈就不同意她嫁人,老留着她,"当他娘的顶门棍!"。当时这个节目还有一点儿反封建、提倡婚姻自由的意味。它是一个诙谐的节目,语言风趣,唱和说基本上是平衡的,说两段便唱,唱两段又说,有剧情。当时我和袁素春在济南,有一些文艺单位通过这个节目知道了我们俩,特别是山东省群众艺术馆(现山东省文化馆),苗晶是馆长,他和魏占河、王传昆等都是山东民歌的倡导人和传承者。在我心目中他们都是英雄。为什么这么说呢?因为当时农村的条件很差,时常吃不饱饭,但是他们一年有大半年的时间都在基层,搞音乐、舞蹈、鼓子秧歌、胶州秧歌、海阳秧歌,基本上我们山东民歌的基础都在他们这里,他们是收集采录者。我也是在他们的扶持下、帮助下,开始认识山东民歌,学习山东民歌，他们作为新中国山东民歌艺术事业的奠基者，真是了不起，真是扑下身子在基层。中华人民共和国成立以后，苗晶是山东省群众艺术馆第一任馆长。他们也都是我的粉丝，非常喜欢听我唱民歌，特别是魏占河、王传昆，他们都拿我当小孩看，我在台上傻乎乎的，化上妆也不丑。

我和袁素春到了8月份就结业了，袁素春虽然只大我一点儿，但她比较成熟，又是党员，很快就被调到中央歌舞团了。

第二章　在济南军区政治部文工团的日子

第一节　走进前卫文工团[①]

袁素春走了以后，就剩我一个人了，也不知道上哪儿去，学校也不让我走。有一天，突然来了一个人找我，他穿着军装，胖乎乎的，进门就喊："谁是李兆芳？"我说："是我。""那我就叫你小李子吧，叫你当兵，你去不？"我说："当兵干吗？""当兵，文工团。""文工团干什么的？""就是唱歌、演戏，你去了是穿军装，但不是参军。"就这么跟我说的。我说："去！"当时就答应了。"那好，明天我们来接你，你把东西收拾好。"后来我才知道这个老同志叫董元夫。

1956年8月13日，董元夫就带着鲁在蕴（电影《地雷战》女主角）来接我了。他们俩雇了两辆三轮车就来了，就是人蹬的那种

[①] 济南军区政治部文工团对外称"济南军区前卫文工团"，简称"前卫"。

三轮车。董元夫后来是我的老班长,他给人的第一感觉就是特别亲切,和你说话就像大人对孩子一般:"小李,收拾好了没有,弄好了咱们就走。"那时候的东西很简单,就是刷牙的、洗脸的、被子,自己捆巴捆巴,往网兜里一装,坐着三轮车就走了。那时候前卫文工团在八一礼堂,三轮车就把我们从学校直接拉到了八一礼堂门口。到了之后,老董和

1956年在济南军区政治部文工团

鲁在蕴就领着我往后面走。那时候八一礼堂后面有三排房子,第一排一边是舞蹈队的大练功房,我们开会都在那里面;另一边是舞美队和舞蹈队的一部分男同志住的宿舍。第二排是集体宿舍,十几个女同志都住在一块,鲁在蕴也住在这里。第三排是乐队,最西头是伙房。到了前卫文工团以后就进入编制了,我正式地成为一名部队的文艺战士。在我一生当中,这是最大的一个转折,它改变了我的一生。

这时候,我老是有一种满足感,满足于现状。在家里整天干活,吃不饱、吃不好,现在我感觉就像到了天堂一样,比到了天堂还幸福。从农村来到了前卫文工团,有饭票,米饭倒点酱油、倒点醋,就是过年都吃不着这么好的饭。我很节省,一分钱的咸菜都不买,

就省到这个程度。

那个时候，我胆子比较大，经常去八一礼堂偷着看电影，都是从铁架子的空隙里钻过去的。

第二节　遇见王音旋

在这里，我第一次遇到了王音旋。老董指着我，"小李过来"，介绍给王音旋说："我给你找了个小同志，她是唱民歌的，以后你多关照一些。"我第一眼看到王音旋时，感觉她很朴实，很老练。就这样，我认识了王音旋。王音旋同志是老革命，她原是渤海文工团的。她出身于革命家庭，从小在渤海军区文工团的幼儿园长大。到了13岁，她就直接上了渤海文工团。从进入前卫文工团认识王音旋开始，我始终和她搭档演出。一开始，我们搭档唱《撒大泼》，她演妈，我演闺女。因为演唱反响很热烈，每次演了都要返

1956年在前卫文工团，前排正面照右为李兆芳、左为王音旋，后排右为赵河；背影为高文美

场，我们俩就一直合作这个节目，一直到了歌舞剧院还是我们俩合作。有时候返场没歌，她就教给我一首叫《猜花》的山东民歌，"我说那个一来哟，谁对——……"

后来我被分到了队里，我们队长管话剧、曲艺和唱歌，就是管我们这一帮人的。我去了之后，唱歌的演员只有两个人——王音旋和我。我参加的第一个节目就是和王音旋表演

1957年在前卫文工团

《撒大泼》，然后又参加了女声小合唱。女声小合唱我现在只记得一首《茉莉花》，领唱是徐桂荣，她的对象叫李自强。李自强给我起了一个外号，什么外号呢？我不是老唱《撒大泼》嘛："你留着我干什么？我有心里人了。""妈妈"就问："是谁？"我就说："俺和一个小小子。"李自强什么时候见了我都叫我"小小子"。

第三节　初次进北京

在前卫文工团的这段时间，可以说为我今后的发展奠定了基础和方向，这是我一生当中最关键的一个转折点。我从一个农民、一个小姑娘、一个什么都不懂的傻孩子，成为一个正式的部队文艺工

作者。我经常和王音旋一块演出，也住在一起。文工团是经常下连队的。有一次下连队的时候，我们到了青岛，青岛的各个小岛我基本上都去过。1956年11月，我们都在灵山岛，就是青岛东南面一个很大的岛。这个岛上有几座山，驻扎着部队，我们就去给部队演出。演出期间，有一天我们的老班长忽然告诉我："小李，总政来了命令，让你和王音旋上北京。什么事没说，要马上走，明天早上赶到北京、赶到总政。"就这样，我们俩，还有一个领队司兆吉，坐着解放牌大汽车下山了。司兆吉是老同志，坐在车棚里面，我和王音旋就坐在后面的敞篷里，一人背着一个背包。开始的时候，我们两个人是紧挨着车棚子坐在后面，抓着车帮。那时候都是土路，没有柏油路，路都是弯弯曲曲的，从山上下来都是一圈一圈地转。那辆车颠得很厉害，我和王音旋在后面一会儿被颠到前面来了，一会儿又被颠到后面去了，抓也抓不住。快到晚上的时候才赶到了山下的码头，下了山还得坐船才能到青岛火车站。晚上在青岛火车站坐上火车，第二天早上到了北京。

我们俩在司兆吉的带领下去了总政招待所。那是我第一次去北京，8月从艺术培训学校结业，11月就到了北京，到了以后很兴奋。我和王音旋住一个房间，司兆吉自己住一个房间。我觉得睡在地上都很好，地上有地毯，不用在床上睡。我看见什么都惊奇，都新鲜得不得了。我印象最深刻的就是我坐在沙发上，旁边有一个灯绳，我随手拉着玩。过了一会儿，有一名战士敲门进来了，问首长你有什么事？我吓了一跳，说没事儿。原来这个绳通着他们值班室的铃。我在这儿拽着玩，人家那里以为有急事呢，当时我吓得不得

1957年在前卫文工团为解放军高炮部队演出，演员左一为李兆芳

了，从那以后我再也不敢随便动东西了。后来司兆吉告诉我，把你们调到总政来有事儿。那个时候公安军文工团准备出国，听说山东济南军区有两个演员唱《撒大泼》，群众很喜欢，就调来演出，审查一下这个节目行不行。当时就我们三个人，没带乐队，就用公安军文工团的乐队。我走到哪里，别人都觉得我是小黑妮，挺可爱的样子，长得也不大，所以他们都对我印象很深，那个时候他们就知道山东有个李兆芳了。

我们跟着他们的乐队排练了两天后，晚上就要在一个晚会上汇报演出，汇报演出的时候就跟着公安军文工团。演完第二天还是第三天，我们的领队说："我们回去吧，回济南，再下连队。"后来我听别人说，当时我和王音旋两个人演完了这个节目以后，群众反应很好，大家都挺喜欢，也返场了，但是谁也决定不了这个节目可不可以跟着公安军文工团出国演出。后来就报到萧华那儿去了，萧华那时候是总政治部主任，最后还是把这个节目否了，因为这个节目有点儿俗。这是中间到北京的这么一个插曲。

第四节　爱上中国民歌

1956年底到1957年初的时候，山东省群众艺术馆的苗晶等人就开始研究山东地方音乐，他们开了一个研讨会，研究讨论民歌、民族器乐等。群众艺术馆经常举办这方面的研讨会、学习班，这也是它的一项工作内容——研究民间的东西。他们邀请了济南军区文工团搞声乐的同志，我和王音旋被派去参加。艺术馆就在杆石桥那里，都是小平房，有一个很大的房间，像食堂似的。他们进行音乐、舞蹈、乐器、声乐等研究，我和王音旋就代表部队来参加这个研讨会，听苗晶、王传昆、魏占河、萍生等人讲课，讲他们怎么收集这些东西，这些东西从哪里来的，他们一个人一个人地讲。萍生讲述了一些他们下去的时候与老百姓同吃、同住、同劳动的事情。他们下去不单单是收集民歌，也得参加劳动，晚上就整理资料，因为农民白天得干活，所以他们只能晚上抽时间收集资料、采访。那个时候没有电灯，各家都点一盏菜油灯。菜油灯有一个小盘，底下有一个小座，在小盘里面装点菜油，用棉花捻成捻子，泡到菜油里面作灯芯。在研讨会上,他们教歌的时候也给我们讲这些民歌背后的故事。这对我又是一个大的启发和促进,我开始接触民歌、热爱上民歌。我下定决心,跟着王音旋唱民歌,因为她是山东民歌的领头人。在我印象当中,就专业人员来说,王音旋是首唱山东民歌的。我和王音旋又是老搭档,我也应该学会很多民歌。再加上这个研讨会确实从底下收集上来一些地道的民歌,所以我学得比较地道,在民歌上就打下了一个坚实的基础。我学了很多民歌,有的是长的,有的是短的。譬如,有一首很短的叫《小大姐赶集》,"说了一个大姐十八六七,梳头打扮去赶集哎",就完了。也有很长的,比如《插花鞋》,过去农村家里的鞋都是自己做,上面要贴花,用丝线插成一朵一朵的花。那时候农村里穿鞋比较费,插上这个花鞋面就比较厚了,可以延长这双鞋穿的时间。比如说不插花的话可能一个月就穿坏了,插上花就能穿一个半月到两个月。《插花鞋》后来又改成了《绣花鞋》。

我和王音旋参加了两三次这种研讨会。他们从乡下找了一些真正的农民,管吃管住,来唱民歌。我学得比较地道的山东民歌就是《对花》,这是一首聊城的民歌,它的特点和技巧我基本上都掌握了。我在这里简单说一点儿,比如说,"正月里来什么花得儿开得儿开"这一句有两个技巧,"正月里"是一个技巧,"得儿开得儿开"又是一个技巧,这两个技巧我学得是比较准确的,而且我唱得很自然,大家听着很舒服。

后来我们在歌舞团唱女声小合唱,我领唱,很受大家欢迎。我们队长要求所有的队员三天跟着我把这个技巧学会。说实话,她们有的没有学会，也没有唱出这个味儿来。后来曲祥当领导时对青年演员们说："山东民歌你们唱得有很大差距，要跟着李兆芳老师好好学。"

山东民歌给我打下了一个非常坚实的基础，也激发了我热爱山东民歌、演唱山东民歌的激情。艺术馆的这帮老人，从苗晶开始，可以说所有的馆员都很喜欢我的唱法，有土味儿，但又不是很土。而且我是自然唱法，从低音到高音没有换声区，声音很统一。从那时开始，我就以唱山东民歌为主，在前卫文工团演出时，我走到哪里都是唱民歌。

第五节　学说普通话

我上北京参加调演以前一直说家乡话，团里这些老同志有时见了我，就说："小李，你要说普通话，不能老说济南话，你一定要学，不学不行。"我就是不学，我也学不会，我回家如果说普通话，人家会说我撇腔拉调的。到了北京那几天，那些战士都说普通话。从北京回来，我能说两句了。很多老同志都鼓励我，特别是孟昭波，他是演话剧的，是老资格、老前辈。他说："小李，你真不容易，学说普通话了，一定要这么学下去，不能再改了。"从那以后，我就慢慢地学普通话了，但是说得不怎么样，济南话在里面掺着，一会儿济南话，一会儿普通话，别人叫我"半口"。到现在有人看见我，还叫我"半口"呢。

那个时候很多人，包括军乐队的一些人都来找我，觉得济南军区前卫文工团的这个小妮，长得不难看，挺朴实、挺老实的，都愿意接近我。开始的时候，有一位摄影师老找我，说"我会照相，我给你照个相，行吗？"那时候对我来说，照相是很新奇的，我当然愿意，就说行啊，还很高兴。人家是专业的摄影师，拿的东西都是专业的东西，照出来的比平时好看。他经常来找我，领着我出去玩，有时候在八一礼堂的广场转悠转悠。有一次，他就跟我说："小李，咱们交个朋友，行吗？""怎么不行，行啊，交朋友有什么！"所以后来他就一天来好几趟。我一开始不懂，后来听老同志说："你这个瞎妮儿，那是找对象呢。"我这才知道，把我吓坏了。他以后来找我，我就不见他了。他一次一次地来，我就不见。有时候赶上我在屋里，老同志就帮我撒谎，说我不在，吓得我想往床底下钻，害怕他进来。这个事我一直觉得对不起人家，什么也不跟人家讲，就是不见面。一直到后来，几十年以后，我还在山东剧院见过他，后来听说他不在了。

第六节　在前卫文工团的幸福日子

我心里对当兵、对在"前卫"，有一种幸福感，有一种满足感，有一种自豪感，因为我原来是在农村里整天干农活儿的，现在跟别人说不一定信，但是我是从农村出来的。那个时候，各种东西都是比较便宜的，在部队更便宜。吃食堂，一毛钱买三个鸡蛋，一分钱买一大盘咸菜，我基本上就是吃米饭、咸菜、酱油、醋，对我来说这就是非常好的饭菜了。穿的衣服，我自己会做，但是也很羡慕人家穿的衣服。爱美之心人皆有之，我也是十八九岁的女孩子，看见人家穿得很好、打扮得很漂亮，特别是刚从农村出来，从心里说也是想学。譬如我有一个同事，她是学舞蹈的，叫徐美英，长得很漂亮，又很会打扮自己，有时候穿衣服在外面加一个小毛背心，在那个时候我就觉得了不得了，很漂亮。我想学，学也学不来，后来我就买了三尺小花布，自己剪了个小褂，用手工做了一件很时髦的小花褂，做好了以后穿的时间也很少，因为在部队里老穿军装，出门也都是穿军装，有时候就在屋里穿穿。

我们那里的年龄大一点儿的男同志，他们的被子缝不起来都找我："小李，你帮我把被子缝起来，行吗？"我说行啊！他们那时候没有叫我"李兆芳"的，都叫我"小李"。我们那里有一个大案板，把被子铺在上面，我一会儿就缝完了。我帮这些男同志做了不少被子。在做活儿这方面，农村小孩很灵，我从十几岁就会做这些。我很小的时候就跟着我妈一块纳鞋底。记得那是 1950 年至 1953 年，农村里兴做军鞋，不是做整只鞋，就是纳鞋底。到村里书记那儿去领，一般都是领 5—7 双，还有麻，把麻拿回来自己搓成麻线。纳一双鞋挣两毛五分钱，冬天没有事的时候，我和我母亲俩早上一睁眼就开始纳鞋底，到晚上一双鞋就纳完了，一个人一天纳一只，两个人一天纳一双。纳完了以后交给村里，再领新的。

在"前卫"，我认识了我的爱人孔德宏，还有我那个老班长董元夫，我一直和他有联系，他活了 90 多岁，在干休所里去世的。我每年春节都去看他。他有一些让我很感动的事。比如，我刚到部队时，他问我："小李，你有什么要求？"我说没有要求，发军装，我穿军装回家，这就是要求。他说行，就给我发了军装。穿上军装以后，我就照了第一次穿军装的照片。那个时候去长清，一天就一趟汽车，早上起来能赶上这一趟就回长清了，赶不上，这一天就回不去了。汽车站在北大槐树，我们老班长就骑着自行车带着我，把我送到车站。这是我到军区文工团后第一次回家。我穿着军装，心里感到很自豪，别人看着也很羡慕：小黑妮现在穿着军装，扎着武装带，很体面。我感觉很满足，很幸福，总算从农村出来了，不像过去，每天早上早早地父亲就把我叫起来去干活，扛着锄头跟在父亲后面还直打盹儿，吃没吃的、喝没喝的，现在感觉一下子上天了。多亏了共产党，多亏了解放军，让我进入了部队，要不是共产党我能当兵吗？当兵改变了我的一生。

回想1948年的时候，家乡来了解放军的部队，也有文工团，就住在我们家后面的一个大磨坊里。那时候还不知道叫文工团，当时我就想跟着他们走。因为家里就我一个孩子，我父母不同意，不让走，我就没有去。那时候走的话，听说是上新疆。现在我还是当兵了，在"前卫"。这也是命运吧！

第三章　在山东省歌舞团的日子

第一节　转业到山东省歌舞团

1958年初，就有消息说所有部队里的文工团一概取消，一个不留。我们是1958年六七月知道前卫文工团这帮人要走，舞蹈队、声乐队和乐队基本上都走，都转到地方，当时转到地方上哪儿还不知道，说会到省里来，也有几个人会留下，有的会给安排别的工作。当时被撤销的26军、68军，还有潍坊炮八师的文工团，也到地方来，所以1958年7月1日山东成立了一个山东省歌舞团。

1958年山东省歌舞团建团留影，前排右七为李兆芳

  公安军文工团当时在莫斯科青年联欢节上获得了民乐的金质奖章，它的民乐演奏在那时候是很有名的，其中胡天泉是笙演奏家，张长城的近视度数很高，但拉板胡很有名。1958年7月，公安军文工团撤销，就把他们大部分调到济南军区前卫文工团了。他们一来，我们歌唱演员只留了两个人——一个男中音和一个男高音。而我们这一班人，从跳舞的、唱歌的到乐队，基本上到山东省歌舞团了。公安军的乐队上"前卫"这儿来，我们上山东省歌舞团，当时也叫部队支援地方。王音旋、安艺坤、麦留兴、高文美、李自爱、陈修德和我都去了山东省歌舞团。我是第一批转到山东省歌舞团的。我的爱人孔德宏先到地方待了一年，后来才调入山东省歌

1958年在山东省歌舞团1

1958年在山东省歌舞团2

舞团。

在山东省歌舞团成立的过程中，下面26军、68军、炮八师的文工团的人才，我们看着好的，就调上来。那时候济南市群众艺术馆有一个小演出队，这个小演出队里有跳舞的、唱歌的，把他们也调过来了，共同组成山东省歌舞团。我们"前卫"来的人很多，将近一半。那时候我们一出去，所有人都穿着军装，所以被认为是部队的文工团。

第二节　歌舞团基本情况

　　1958年7月1日，山东省歌舞团建团。歌舞团由前卫文工团和26军、68军、潍坊炮八师文工团，还有山东省群众艺术馆的小歌舞队组成。大部分人员是"前卫"来的。"前卫"舞蹈队的男女演员基本都来了，只有魏兆金留在了"前卫"，他当时在总政学舞蹈，在上培训班，没在济南。乐队也来了三分之二，还有三分之一干别的工作了。我们唱歌的也基本过来了，如王音旋、安艺坤、高文美、麦留兴、李自爱、陈修德等。我们当时是搞声乐的。山东省歌舞团成立时是以部队的转业人员为主体。那时候我们歌舞团只要到街上去或者有什么事，还是有一点儿军事化的作风，都排着队、穿着军装。军装是没有领章的，女同志戴的是圆的帽子。大街上的人都说这是哪里来的这么一帮人，好像是部队上的。第一任团长是于太赏，他是原26军文工团的团长。1958年下半年，汤化过提升为副团长。我刚去"前卫"的时候汤化过不在，他在北京跟苏联专家学习合唱指挥，后来他回到了前卫文工团，没几天就跟着一块到山东省歌舞团了。乐队的队长是周世昌。我们是演唱队，汤化过兼任队长。我们队里有三个小组，小组长分别是张瑛、安艺坤、王音旋。那个时候，我们的生活条件特别差。到了歌舞团，到了地方，大家都觉得失落感很强，因为在"前卫"的时候，吃饭基本上不用操心，出去演出也是慰问演出，不用担心这个票那个票，什么也不用担心。但是到了省歌舞团之后，整个环境一下子变了，出去演出还得卖票，这一点大家就很不习惯。有时候票卖得好了还好点儿，卖得不好的话大家就更有失落感了，就是觉得怎么现在成了这个样子了，大部分人都是有这种想法的。

　　这时候演出的大都是山东民间的歌曲、舞蹈或者音乐。譬如说乐队演的《打枣》，是枣庄地区的民乐，还有《百鸟朝凤》，都是民间的，都是唢呐吹奏的。舞蹈节目就是鼓子秧歌、胶州秧歌、海阳秧歌三大秧歌，大部分是山东民间的舞蹈。声乐演出，除了安艺坤是一种洋唱法——美声以外，我和王音旋、李自爱，还有女声小合唱，基本都是唱山东民歌。那时候女声小合唱在山东打得很响，后

1958年在西安演出，中排左四为李兆芳

1958 年在农村田间演出

来女声小合唱队还被评为山东省的先进集体。女声小合唱每次演出返场不下 8 首歌，非常受欢迎。这 8 首歌全是山东民歌，比如说《打夯号子》等，领唱都是我。

第三节　主演歌剧《白毛女》

1960年8月，山东省歌舞团排演湖北创作的大型歌剧《洪湖赤卫队》，叫得很响。剧中女一号韩英由张瑛和王佩瑛主演。因为我快要生孩子了，基本上就是在舞台的后面当一个普通的群众演员。快生的时候在烟台演出，我就挺着大肚子从烟台直接上了北京，我第一个孩子是在北京生的，因为当时我家在北京。

孩子刚满月，我就从北京回济南了。回来后，山东省歌舞团还在演《洪湖赤卫队》，我继续担任群众演员，一直到1961年。在此期间省歌舞团出去演出时，我始终担任民歌独唱。

1961年底，开始准备纪念毛泽东《在延安文艺工作座谈会上的讲话》发表20周年演出。山东准备排演歌剧《白毛女》，最后决定让我演喜儿（白毛女），也就是演主角，那个时候叫A角。杨白劳由孙继权扮演。我们第一次对词，第一次讲对角色的理解时，孙继权讲杨白劳，喜儿由我主讲。那时候孙继权二十六七岁，他的嗓子很好，唱山东民歌也很有名。他是第一个扮演杨白劳的演员。后来孙继权得了癌症，手术以后没多长时间就去世了。当时《白毛女》还没有排出来。孙继权去世之后，就换了李乐贵。

我演《白毛女》压力很大，我是农村唱小调出来的，在歌唱方面我压力不大，我觉得我的嗓子能行，但这么大型的歌剧，而且是这么有名的歌剧，能不能演好，这是我最大的压力。

这时候，每个演员都要写角色的自传，我说我写不了自传，我就说吧。因为我是从农村出来的，农村里那一副一副的形象，过去

和歌剧《白毛女》中杨白劳的扮演者李乐贵

的财主（地主）怎么样，我脑子里都有，就像过电影似的，这是我的优势。因为喜儿卖豆腐，所以我就从豆腐上找。我见过农村卖豆腐的，在村里挑着担子，一头是豆腐筐子，豆腐、辣椒之类的都挑着；一头筐子里放小孩，小孩在里面坐着。我们那里离长清县城近，有时候他们就挑着到集上或者别的村里去卖，敲着梆子，吆喝"卖豆腐来"……还有农村家里的一些生活细节，我都非常熟悉。农村的厨房里面有一口大铁锅、一个风箱，这里拉着风箱，那里添着火，火添着以后，这边水热了，有时候贴饼子，蘸点水往锅上一贴，烙出来都是嘎巴，很酥。我会捏窝窝头，表演的时候，我就想到捏窝窝头的手势。但是到舞台上我感觉这样捏不大美，就加了一个起来的手势，感觉这样美一点儿。像在这些地方，我的优势就体现出来了，一个是我有生活经验；再一个是我在台上想做得更好。

《白毛女》这个歌剧排到中间的时候，老排不下去，因为我的感情深入不到那里，老是找不到那种感觉。正好报纸上报道，为了纪念毛泽东《在延安文艺工作座谈会上的讲话》发表20周年，郭兰英在北京演出《白毛女》。于太赏是团长，也是排练的导演。他说咱们去北京学习，就把所有担任角色的演员都带着上北京了，去天桥剧场看郭兰英的演出，看了两场。看完以后，我心里有点儿底了，这个地方应该怎么唱，那个地方应该怎么唱，跟郭兰英学了很多，对我很有启发。她做的这些，我脑子里好像都有形象。我是从农村出来的，有农村生活的经历，了解这些情况。比如说山，我们那里没有大山，但是有座小山，我一下就能想到我们那儿的山。回来再排练，进度很快。

在排练的过程中，我要克服很多困难。一个是我没经历过大乐队。虽然我已经工作好几年了，但以前上台都是五六个人的小乐队。这回是大乐队，而且这个大乐队是在舞台底下的大乐池里。舞台上的灯光，特别是聚光灯一打，正好对着我，下面黑乎乎的一片，人都看不见，指挥就露着一个头。这时候的指挥是赵河，他也是从"前卫"跟我一块儿来的，对我也非常好，对我的帮助特别大。举个例子，当时彩排是在山东剧院。山东剧院的剧场的乐池和舞台的距离挺远，乐队都在底下，可以说声音在底下都被包起来了，出不来多大声音。一彩排，我就有点儿糊涂，有点儿傻，听不见音乐，看不见乐队，灯光一照，什么也看不见。赵河就说，小李，你放心，你看我，我一点你就唱。我说你点我也看不见。他说他的指挥棒前面安了一个小红灯。这个时候因为唱熟了"北风那个吹"，可以说已经印到脑子里了，听不见乐队我也能找着那个调。赵河手一点我就唱，这样我就不紧张了，赵河对我的帮助太大了。再一个是，除了唱还得做动作，做表情。演歌剧有这么一个特点，它是角色，又不是角色。譬如说哭爹"霎时间天昏地又暗"，像这些地方，你趴在那里，不能真哭，真哭就没办法唱了，但还得演出来这个角色的真情实感。所以到真唱的时候得控制感情，才能够有哭腔，但不是真声的哭腔，"霎时间天昏地又暗"这是唱，这不能叫真哭，但是里面有哭声。所以说，当歌剧演员的难度比当话剧演员的难度要高，一个好的歌剧演员就是一个好的独唱演员，但是一个好的独唱演员不一定是一个好的歌剧演员。

《白毛女》的第四场有个奶奶庙，我认为我的感情很真实。因为我们村里那个学校前面有个小庙，我有这个印象，那些神像龇牙咧嘴的，当然可怕，但是看见它们你是一种恨的感情，"见仇人烈火烧，你说我是鬼我就是鬼，我要撕你、我要咬你"，这个感情我觉得我是到家了，我上那儿一站，脑子里就有那个小庙的形象。

歌剧《白毛女》排演成功以后，这个戏大家就都认可了。这里面还有一些小的动作，比如说第二场熬药，"头也昏来眼发花，摔了罐子我怎么办"，因为是大乐队，里面有很多和声，听不出它的主旋律。这时候我要做动作，还得装着很困，又得想着从哪个地方把罐子摔了，然后接着再唱，不然的话这个节奏就乱了。像这些地方都是赵河给我讲的。因为我一直和赵河配合，赵河对我来说真是个老同志、老大哥，赵河对我的成功有很大的帮助。

这里面还有一个是演黄世仁的安艺坤，他对我的帮助也很大。我们都住在同一栋楼的五楼，他经常主动地给我上声乐课。这个声乐课不是像学校里的那种。譬如说我演的歌剧《白毛女》第一段"北风那个吹"，他说这个"北"字，你不能直接咬得很死，太死了的话那个声音也不好听，"北"这个声音往前出来还得圆滑一点儿。《白毛女》里面大部分的歌他都给我辅导过，但是没有正式拜过师。安艺坤也是从"前卫"来的，他们都像老大哥似的帮助我这个小妹妹，在他们的扶持之下我完成了《白毛女》的演出。

1962 年 5 月首演歌剧《白毛女》剧照 1，饰演女主角喜儿和白毛女

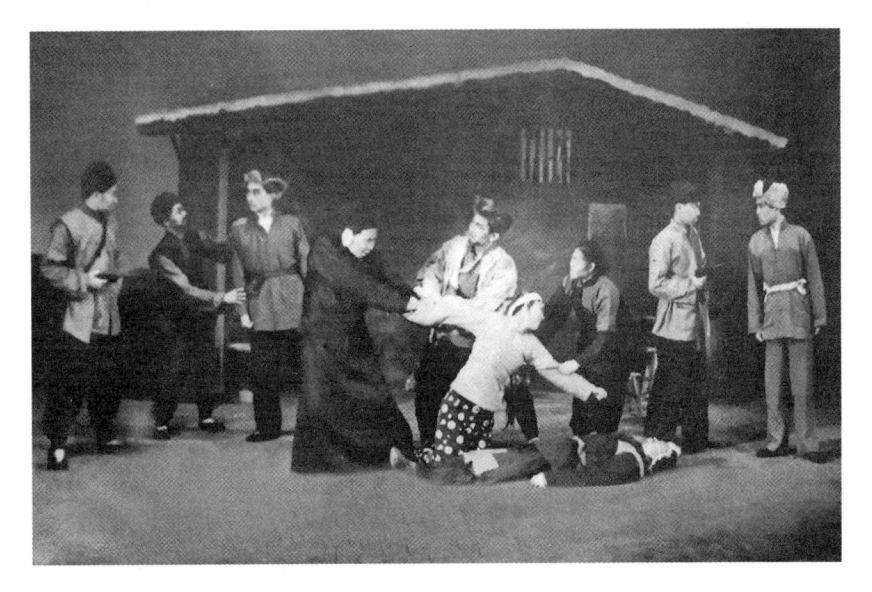

1962 年 5 月首演歌剧《白毛女》剧照 2，饰演女主角喜儿和白毛女

1962年5月首演歌剧《白毛女》剧照3，饰演女主角喜儿和白毛女

第四节 "金嗓子"李兆芳

《白毛女》当时是在山东剧院演出，演完以后演员都卸妆了，头发乱糟糟的就出来了，因为离团近嘛。我印象当中有一些学生，这里面可能也有艺术学院的学生，都在外面等着看"喜儿"。从领导到群众对我扮演的《白毛女》中的喜儿评价很高，反响很热烈。那时候上面要求各个单位都要组织看，我一天能演三场，我是晚上主演，白天就是 B 角、C 角。

演喜儿的时候，譬如说她爹死了她得跪。郭兰英曾经跟刘佳讲过，这个跪不能轻着跪，一看她爹死了，叫着一声"爹"，就要扑过去，"扑通"一下就得跪下去，不够还得往前趴。慢慢地跪是什么感觉？我这两个膝盖就没有好过，都是青的。

《白毛女》这种大型歌剧我连着演十几场不坏嗓子，所以那个时候同志们都叫我"金嗓子"。当时对我的评价是嗓子好、唱得好、感情朴实、表演真实、形象甜美，不是做作出来的。至今我演的"喜儿"盖过我其他所有的演出，到现在老同志给别人介绍的时候，大部分还说这是"喜儿"。在那时候，团里面的老同志没有叫我名字的，都叫我"喜儿"。这个时候报纸上有很多评论。山东省文联主席包干夫，他是一个老主席了，1962年底至1963年初曾经写过一篇文章，里面就评论说我嗓子好、唱得好、感情真挚朴实、形象甜美。

后来基本上白天我就不演"喜儿"了，就是晚上演。这时候外面给歌舞团打电话的很多都是问我或者找我，山东省歌舞团办公室秘书祝晓都给我挡回去了，好像我成了一个宝贝，嗓子别坏了，或者别有生病这样的情况。譬如说我两个东王完小的同学来找我，她就没让我见，不让我再接待这么多人，不让我累着。

演完了《白毛女》，我获得很多荣誉。1963年我就成了全省的青联委员。1963年11月在南郊宾馆开会，当时参加会议的还有省话剧团的薛中锐等，都是先进人物、有成绩的人，譬如说有一位是破纪录的跳伞运动员，还有射击运动员，都是先进人物。当时我参加了这个会。

第五节 "鸡蛋演员"

那个时候正是生活困难时期，非常艰苦，一个月只有4斤面粉，其他全是地瓜干。我和我丈夫两个人，加起来才8斤白面。以前在家里用地瓜叶子压成面、捏窝窝头，我从小吃这个，吃伤了。我在排《白毛女》的时候，或者是演出的时候，吃的都很差，再加上又累，人挺瘦。团里的秦司务长从微山湖弄了一小筐鸭蛋和鸡蛋，给主要演员补充点营养。那个时候，吃个鸡蛋比吃金子还稀罕。鸡蛋也没多少，当时分的时候我是最多的，给了我4个鸡蛋，扮演杨白劳的等人都是3个，再往下就是2个、1个，所以同志们开玩笑地说我是"鸡蛋演员"，高级演员就叫"鸡蛋演员"，因为是吃鸡蛋的。那时候我演出也累，因为没人。其他B角、C角演出的时候都是两个人，前面喜儿一个、后面白毛女一个。我演出时，喜儿和白毛女都是我自己演。在台上那个劲上来就忘了累，下来之后坐在那里浑身直哆嗦。一看到该我上场了，就不哆嗦了，那个劲又上去了。我有一个阶段嗓子不大好，不大好也是我演，因为人家好像都是冲着我来的。嗓子总是肉长的，不是铁，有人就跟我说，你用松花蛋和茶叶泡水喝能治嗓子，或者喝生鸡蛋，不喝黄，光喝蛋清。我到什么程度呢？一个晚上能喝10个鸡蛋清。一个是累，一个是嗓子唱不出来了，喝了之后上去，这一场就唱下来了，下来再喝一个再上去。再一个就是松花蛋和茶叶泡水，我白天喝一天，晚上嗓子挺好，这是我演出当中的一些经验。实际上这些东西是清火的，我的嗓子这么累，就是身体太透支了，生活条件又不好。我就说我是自然唱法，没有受过专业的训练，我的真假声结合到现在谁也挑不出毛病来，说实话，就是爹娘给的好嗓子，自然条件好，有这个优越性。

第六节　连提两级工资

1958年，我从"前卫"来的时候工资是43块钱，1959年给我提过一次工资，提一级工资涨5块钱。1962年，有一次我从北京回来，我爱人去车站接我，跟我说："你涨工资了，给你提了两级。"我说："我怎么提两级？"歌舞团提两级的只有3个人，一个是张瑛，一个是我，还有一个是牛允海。因为我的资历短，我原先是文艺15级，给我提到了13级，13级就有个杠了，13级以上有些文件就可以听，14级都不能听，是有级别的。给我提到13级，是因为当时由厉新说过一句话，他问"李兆芳这么棒的演员，唱得也好，演得也好，她一个月多少钱？"说"她15级"。"怎么这么低，得给她提。"那时候他是文化局局长。王统照走了以后就是他。这两个局长对所有的省文艺团体都比较熟悉，特别是各个团里的主要的人，谁叫什么名字都清楚，那时他们很少坐办公室，经常是现场办公，今天这个团，明天那个团，后天另外一个团，各团的情况他们比较熟悉。

第七节　荣誉面前

那时候给我的荣誉很多。比如说，苏联来了一个女高音歌唱家，唱美声的，在山东剧院开音乐会，要献花，就一个人献花，就是我。那时候，我倒没觉得怎么样自豪，我就有一种满足感，我这不上天了嘛！大家对我这么好，我从来没有和别人争过什么东西。

我没有骄傲，我老觉得我不行，为什么不行呢？我的担子很重，从到军区，到歌舞团，到我退休以前，我压力一直都很大，老是大东西（角色）都交给我。我演完了《白毛女》，后面还演了很多歌剧，像《农奴戟》《红梅岭》《夺印》《层林尽染》等。我不是大专院校毕业的，文化程度也不是多高，这些东西放到人家身上可能不算什么事，放到我身上就觉得担子很重。譬如说演《夺印》，这是团里自己创作的曲子，那个时候也算政治任务，时间非常紧，一个礼拜就得把这个歌剧排出来。人家大专院校的来了以后不像我这么费劲，人家看着谱子就能唱词，很简单地就排完了。我不行，我得先唱谱子再对词。但我是主角，还得比他们先背过、唱过才能开排。如果我还没有背过，还不会唱，那就没办法排。这个时候我就落下了神经衰弱的毛病，所以在这方面我的压力很大。特别是团里自己创作的歌剧，头一天给你谱子，第二天就要排练，排练时这一段就得背过了、唱会了，因为排练时不能拿着谱子，对我来说这很困难。我就早早地起来，在家里唱怕影响别人，我就跑到六楼（楼顶平台）上去唱。拿出谱子坐在六楼上没人的地方死背。今天背过了，明天早上就全忘了；当时背过了，排练也排完了，第二天又一句也不会，还得再从头来，所以说我的压力很大。我没有时间骄傲，我老是往前跑，好像后面老是有人拿着鞭子往前赶我，这个任务完了还有下一个任务。那个时候除了演歌剧、歌舞，还得唱独唱，我觉得歌舞的压力不是很大，主要是歌剧，又得说，又得唱。

20世纪60年代初期，歌舞团为了提升经济效益分成两个队——歌剧队和歌舞队，出去挣钱。要是不挣钱的话，工资也发不出来。那时候我被分到了歌舞队，和王音旋一块担任主唱。歌剧队去聊城等地方演出。歌舞队出省，到安徽等地方演出。因为不演歌剧了，我心里感到轻松点儿了，就把辫子也剪了，结果有一次，我记得当时我们在徐州演出，团里有任务，又把我调回来演歌剧《白毛女》。本来也有一些B角、C角在演，但还是把我调回来了。调回来之后我就为难了，我的辫子已经剪了，还要演喜儿，因为我的头发下面绑不上辫子，我就把辫子绑到头顶上，再用假辫子缠上。演穆仁智的老董演戏很认真，他在台上真的提溜我，一下把我的辫子拽下来了。我没办法，就一只手抓着辫子，把这场戏演下来，然后到后台赶快再绑。我不能出去学习进修，是因为我的演出任务太多了，老用我。我这一生当中最大的遗憾就是没进过高等艺术院校，没有专业的老师教过我，专业的理论我都没学过。

　　《白毛女》的词作者贺敬之和曲作者马可到山东来视察，我曾经给他们演唱过，在歌舞团黄大楼二楼的一个大房间里唱的，于太赏、夏河、刘源都在场。我给他们演了一段《白毛女》"北风吹"，是钢琴伴奏，因为房间不大，也就是40多平方米。表演完了以后，贺敬之说我"唱得很好"。这是原话。他是领导，也是作者，当时我认为这是人家对我的鼓励。

　　20世纪60年代末还有一个阿尔巴尼亚的代表团到歌舞团来参观访问，到舞蹈队练功房看看练功的，看看唱歌的，就是这种形式。阿尔巴尼亚的领导人谢胡来的时候，我也给他表演过节目，在琴房里面，姚继刚伴奏，我唱《白毛女》。唱完了，他说："你唱得很好，我邀请你到我们阿尔巴尼亚演出。"还有西哈努克亲王、胡志明，我都给他们演唱过。

第八节　为越南胡志明主席演出

1965年初夏，有一天晚上10点多，团里的集合铃敲响了。大家都跑下来，在山东省歌舞团的小礼堂里集合，然后就点名，被点名的留下，其他人回去睡觉。留下的这一部分去演出、有任务，要马上坐火车走，也不许问干什么，这是纪律。我们一上火车，火车一晃悠就有点儿困了，晚上黑乎乎的，谁也不知道去哪儿。第二天早上六七点到了一看，这不来青岛了嘛。那时候去青岛不像现在两个小时就到了，都得八九个小时。我们下了火车，接着就被大巴车拉走了，迷迷糊糊地坐着大巴，被拉到了八大关附近的别墅区，就在海边。演出地点在人民会堂，第二天晚上演出，我是女小合的领唱。这时候韦有琴已经来了。到晚上演出时都很好奇，到底是给谁演，有人就偷偷地从幕布后面看，一看是越南胡志明主席。演完了以后，他上台跟我们演员握手。

第九节　为芭蕾舞剧《白毛女》配唱

1970年，那个时候样板戏很时兴，有《红色娘子军》《红灯记》等8个样板戏，上海就是芭蕾舞剧《白毛女》。华东地区六省一市在上海举办了一个学习班，这个学习班一是学唱，二是学舞蹈，把《白毛女》这个舞剧整个学下来。我们团里派了指挥赵河、钢琴伴奏姚继刚，独唱就派了我一个人，其他都是舞蹈队的，他们去学舞蹈，我一个人学唱。山东的舞蹈主角基本都去了。

在这个培训班上，朱逢博讲了《白毛女》第二场中的一段，她说唱"鞭抽我，锥刺我"这段的时候不能没情，你要让人家感觉这个鞭子抽在你身上，你一下感觉很疼。"鞭抽我"，一喘气，就感觉那个鞭子一打。我当时听了很受启发，很受感动，她能研究到每个句子里面、每个歌词里面、每个音符里面，这对我唱芭蕾舞剧《白毛女》伴唱帮助很大。朱逢博当时不光是在上海有名，那个时候人们就说"南有朱逢博，北有郭兰英"。

她还讲了扎红头绳这一段怎么唱。"人家的闺女儿有花戴，我爹钱少不能买，扯上了二尺红头绳，给我扎起来，扎呀扎起来"，她说这里面有好多小弯。"人家的闺女儿"，这是一个小弯。每个字她都讲，讲得非常细。她还让带感情，说"人家的闺女儿有花戴，我爹钱少不能买，扯上了二尺红头绳儿"，要把这个"绳"突出来，这个"绳"往上一挑，小女孩高兴的感情就出来了。"扯上了二尺红头绳儿"，这里要把它挑上去了，它不是平的。

在这个学习班里，我跟他们在一块学习了大概半个月。他们学完了芭蕾舞，我这边也就学完了唱歌。朱逢博的爱人叫施鸿鄂，施鸿鄂当时是在世界上得过奖的。参加培训班的是六省一市的，每个人算是汇报，都得唱。有一个女的老唱不好，我在旁边有点儿着急，就唱了两句，当时一听我唱，施鸿鄂就说就是她唱得好。学习结束了，要向他们汇报整个舞剧，就在上海和平饭店北楼顶楼的大礼堂。那时候山东省歌舞团是芭蕾舞学得最棒的，跳得最棒，唱得最棒，全部唱段就我一个人唱，因为当时就派我一个人去了。我那个时候很要强，年年都是先进工作者，去上海培训的那一年，还是省文化局的先进工作者。我记得当时去的时候介绍我，好像还说我是先进人物，朱逢博还对我另眼看待。和平饭店在"文化大革命"前属于涉外饭店，一般只接待外宾，后来也接待一些国内的宾客了。我汇报演唱的时候，和平饭店的服务员基本上都去听。为什么呢？因为我平时也在那儿练，学会了你得练，它那上面有钢琴，有姚继刚伴奏嘛，姚继刚给我弹着，他们有时候就在外面听。这次汇报演出，他们就在外面站一堆，我在那里唱，服务员都上去看，反响非常热烈。后来我跟上海和平饭店的服务员都很熟了，我到哪个地方都爱说爱聊。后来再到上海去，我还去和平饭店找他们玩。

从上海培训回来以后就要排练，排练完了就要演。芭蕾舞剧《白毛女》所有的演出，包括在农村演的，全是我一个人伴唱。大概演了多少场我不知道，最后只要我一唱，很多观众就往前跑，往乐池里看。特别是"扎红头绳"这一段，我什么时候一唱观众就鼓掌。那时候我的声音又甜又美又脆。舞剧的伴唱分量很重，不像一般的舞蹈配唱，相当于一个节目，不亚于演歌剧《白毛女》的分量。舞剧后面还加了一段唱，"风雪满天，喜儿在深山怀念众乡亲，眼下受熬煎"，比歌剧多了这一段。整个舞剧，除了合唱大家来唱，其他都是我伴唱。可以说演这个芭蕾舞剧，我就没有正儿八经地在台下看过演得怎么样，我一直是在乐池里伴唱。

芭蕾舞剧乐队是降 B 调，要求演员唱 C 调，我张嘴就是 C 调，很准确。我必须注意力很集中地听着乐队，赵河一指挥我就要唱。

但是有一次，汤化过在乐池里跟我说话，赵河一点我，我慌了，从头到尾没有找着调，因为后面全是和声，没有一个主旋律。越找不着调我越紧张，越紧张就越找不着调。乐队不停，这一小节错了就赶不上了，等于这一段词是那个词，但是找不着调了。下来之后我就哭了。还好所有的领导都没有批评我，一句批评的话都没有说，只是我自己害怕。从那以后，一到这一段我就紧张。我旁边有一架竖琴，于是每次到这一段之前，赵河就给我一个音，他一指挥我就唱，我再也没有跑过调了。

我演出之前从来不跟别人聊天、说话。第一，我老觉得自己的音乐理论水平低，不像人家那些大专院校毕业的；第二，我怕跑调、怕忘词。对《白毛女》，我的感情非常深。那个时候演出，字幕上都不打演员名字，就是节目单上才有名字。唱独唱也都不报名字，但是一到我唱"北风吹""扎红头绳"，观众就觉得声音怎么这么甜呢！都跑到乐池里看，所以对我的印象是比较深的。

我既演了歌剧《白毛女》，又配唱了芭蕾舞剧《白毛女》，可以说演多少场，我唱多少场，没有人能替我。我曾听别人议论，唱《白毛女》，团里没有一个能超过李兆芳的，因为从技术上来说，它的难度挺大。

1964年，我们参加"上海之春"音乐会，我领唱了《卖豆腐》。最后合唱演员下去了，我喊一句"卖豆腐来"，观众就合唱"梆梆卖豆腐、梆梆卖豆腐"，就为我这一句，老是返场。十几年以后，一次朱逢博到山东来了，还给我从上海带过来一个蛋糕，我也回赠了她一些小礼物。她在山东剧院小礼堂里面讲课，说："你们山东人的嗓子真好，唱《卖豆腐》的那个小姑娘那一声'卖豆腐来'喊得真好！"当时我在底下坐着，我说："朱老师，就是我喊的，我唱的。"她说："哎哟，是你唱的！"

芭蕾舞剧《白毛女》我们也在农村演过，在青岛、烟台都演过，先后演了数百场。

我从上海回来之后，都向我学《白毛女》。淄博文工团有两个演员，其中一个叫王娟，专门一段一段地跟我学，模仿得非常像。她们俩学得都不错，回去唱了，大家反应也很好。还有潍坊的、青岛的，都跟我学过，可以说是一句一句地学，模仿我。这中间我教过的一些人，她们一直对我很好。

第四章　赶上"文化大革命"

第一节　烧掉民歌资料

　　1966年"文化大革命"开始了，到处都有很多大字报。这个时候我态度不明朗，因此造反派那边也拉我，保守派那边也拉我。另外就是受我爱人孔德宏的影响，虽然我家庭出身好，但他是孔子后代，成分又高，所以他对我有些牵连。

　　在"破四旧"的时候，要把家里所有的旧的东西、书和资料都扔到院子里烧。当时这都属于"封资修"的东西，特别是那些民歌资料，我一点儿都没有留下，全烧了。这也是比较遗憾的一件事，后来找什么资料都没有了。

第二节 嗓子进了虫子

"文化大革命"开始的那一段时间,我一直没有停演,有时还下乡演出,观众挺多,就是土台子。过去在农村演出,照明是用气灯,一打气灯就很亮,一会儿不亮了再打气。农村的蚊子、虫子特别多,尤其是快下雨的时候,围着这盏亮着的灯有一层小虫子。我那时候唱独唱,上去之后,乐队音乐也起来了,我往那儿一站,灯就在我头顶上。灯不能挂高了,不然观众看不清演员。我一点头,乐队拉过门,我要开始唱了。我刚一张嘴,一呼吸,一只虫子进嗓子里了,它也不下去,也弄不出来,虫子就在嗓子里面爬,痒得我张不开嘴唱,我当时扭头就下台了。下台之后,乐队就问我怎

1968年在山东省歌舞团演出剧照

了，什么事？我走到台口，使劲往下咽，把虫子咽下去了，然后又傻乎乎地回去了。舞台总监就问怎么了？我这时候正好冲着话筒，我说一只虫子进嗓子眼了，底下一两万名观众哈哈都笑。他说给你喝口水吧，我说我咽下去了。

1979年10月，随省歌舞团的演出小分队去莱钢演出广场音乐会，也有过虫子飞到嘴里的趣事。

第三节　排演反映政治形势的剧目

这段时间演出的《夺印》就是反映农村阶级斗争的一个节目，我演书记。曲子是我们团里夏河等人写的。一个礼拜得把这个歌剧排出来。唱词背不过，背不过也得背，死记硬背，别说感情了，上去以后脑子里又是想词又是想曲子。印象最深的是第一场演出时在珍珠泉礼堂，我和程鼎一块演出，其中我俩的一段合唱，他也忘词，我也忘词，整个这一段都过去了我俩也没唱。本来假设唱错一句，乐队指挥就告诉乐队赶快跟，第几小节、第几小节，结果我们俩全忘了，看我俩一直不唱，他们就把整个这一段赶快掀过去了。

省歌舞团自己也排了一个歌剧，叫《沈秀琴》，主要是表现海岛上的一个民办教师怎么苦，对学生怎么好。蓝英导演，我和李乐贵表演，我演沈秀琴。因为它是反映一个海岛上的事，得有道具，得有船。这个"船"就是一辆地排车，车前面是一块挡板，当中是"船"，我得站在"船头"晃，站在地排车头晃。我在"船"上还有一大段唱，他们在那儿一晃"船"，我在上面就觉得晕。我本来就晕船，下来就吐。把他们乐得不行了，说"李兆芳你真行，旱船也晕"。徐遵德还说"你真把我累死了"。

20世纪70年代还排了一个剧叫《农奴戟》，四川省当时有一个泥塑叫收租院，根据那个排的，也是团里写的曲子。我在里面演洪英，杨松山演男主角，徐遵德演那个铁匠、一个党支部的成员。我们这几个人是主要演员。我一上场就挑着担子，一边一个大筐，南方人盛稻米的，因为那个雕塑里面有这么一个女的在扁担上坐着，梳着一个大辫子。我上场时，从幕后的大平台就开始唱，唱着出来，把这个担子往台上一放，我也就唱完了，然后把脚往担子上一踩，叉着腰，就有这么一个镜头。

这段时间我排的歌剧不少，独唱、小合唱也有。我记得我爱人跟我开过一次玩笑，当时团里来了很多新人，排女小合年纪大的人都下去了，就剩了我一个，他就整天说我是一个老母鸡领着一帮小鸡。女小合我是唱到最后，因为有些领唱我要唱。

20世纪70年代西哈努克来济南时，我们在南郊宾馆给西哈努克演出。韦有琴唱《沂蒙山小调》，我唱女小合领唱，就是金西写的那个《清蓝蓝的河》："清蓝蓝的河啊曲曲又弯弯。"演完了之后，这些领导人都上台接见。

"文化大革命"当中，虽然我受我丈夫家庭出身的影响，但是没有受到太大冲击，我的业务没放下，演唱事业还在继续。

1973年在山东省歌舞团演出歌剧《农奴戟》，饰演洪英

1974年在山东省歌舞团演出独唱,姚继刚担任手风琴伴奏

1974年在山东省歌舞团演出独唱

第四节　加入共产党

刚刚解放的时候，我们村里有一个书记，他叫王炳印，我叫他叔叔。村里的什么事情他都管，积极地为乡亲们做事。我那时候小，后来才知道他原来是地下党，所以我特别佩服我们村的这个书记。再就是老党员影响，最早的时候有郝建秀，她是青岛一个纺织厂的工人，发明了"郝建秀工作法"。这些人都是我的榜样。又因为我从苦难当中一下子得到解放，思想深处一直羡慕当兵、当解放军的。后来我逐渐认识到共产党是一个伟大的党，便积极表现，要求加入党组织。从长清完小到济南山东群众艺术学校，再到前卫文工团，我的思想一直是这样的，我一定要加入共产党，我有这个决心。我是农村的大老粗，能够走出来就说明我这个人比较积极，在各个方面都是比较突出的。完小毕业半年以后，我就是县里表彰的先进分子，还在大会上发言。

到了前卫文工团以后，组织上还有一段时间的考验，但是两年来我整个的表现，大家都是认可的。到了山东省歌舞团之后，有一个阶段停止发展党员，但是我一直是积极争取、积极要求的，不单在艺术上，在生活上、在各个方面我对自己都是以党员的标准要求的。年龄大一点儿的同志都知道，我还是学习《毛泽东选集》积极分子。在省歌舞团，我养成一些好的习惯，譬如说去拥军，演出完了以后，我总是带头下伙房，擦汽车，这些事情都是我发起的，在以身作则上我是积极的。

拥军的时候，我还没有入党，省歌舞团的党组织很重视培养我。

1971年春节下部队慰问演出与战士合影，前排左二为李兆芳

当时的于太赏、夏河、汤化过，后来还有方平、赵河等，这些共产党员对我的帮助都很大，对我的评价都很高。老党员田玉恒说过，只要省歌舞团出去演出，带头做这些工作的就是李兆芳，所以给大家留了一个好的印象。对我来说，没有共产党就没有我李兆芳的今天，就没有我人生这么大的转折，是党把我培养成了一个新中国的文艺工作者。我什么角色也不用争，团里都是压着角色给我，这都是同志们对我的信任。我现在有这个水平就是党培养的，没有党的培养我什么也不是。

1972年12月，我加入了中国共产党。入党以后，我在各个方面对自己要求也更严格了，什么事情都走在前头。

第四章 赶上"文化大革命"

1972年慰问海军334舰官兵，第二排左三为李兆芳

1972年春节在某海岛为战士们演出 1（演员左二为李兆芳）

1972年春节在某海岛为战士们演出 2

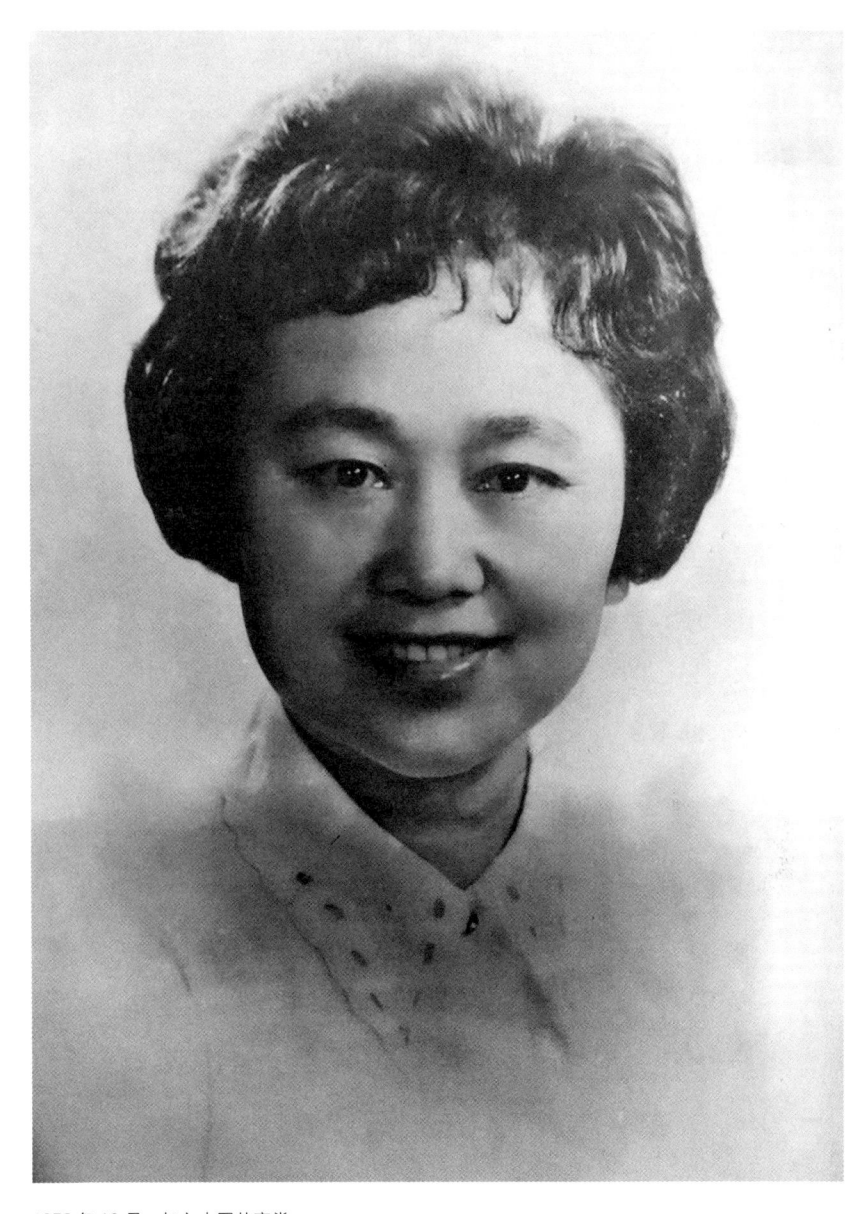

1972年12月，加入中国共产党

第五节　家里的伤心事

我原来有个女儿是 1965 年出生的，那时刚赶上"文化大革命"，我自己工作又积极，这个孩子就没人管，我就把她寄养在我们省歌舞团旁边一户居民家里，听说女主人过去是个妓女，这个男的是个老工人，挺好。我听他们院子里的邻居说，这个女主人对我女儿不是很好。譬如说，她早上不吃饭，先泡一壶茶喝，我女儿肚子饿，肯定要哭要闹，为了不让孩子哭，她就拿一块羊肚子让她含在嘴里，长期这样就把孩子的肠胃弄坏了，体质就非常弱了。我去看孩子的时候，她就把孩子弄得很干净。当时我的工作很多，我又要强，不甘于落后，对女儿照顾、关心得太少了。说起来就是我太自私了，太顾自己的事业了。女儿去世后，我十几年了老过不来，老觉得亏欠女儿太多。这件事对我的影响很大，我因此十多年都没有搞业务。

第五章　进入改革开放新时期

第一节　重排歌剧《洪湖赤卫队》

到了1978年重新排《洪湖赤卫队》的时候，领导决定让我演A角韩英。开始我有些想法，但是领导这么决定了，我就老老实实地该怎么演怎么演。其实在别人演的时候，我也学了很多东西，因为过去我看过，但有些地方我还是很生的。比如，第四场在监狱里戴着镣铐这场，这些地方人家演得很顺，我弄不好就打这儿一下、打那儿一下。还有大段唱，我以前没有唱过这么长的曲段，虽然前面演过歌剧，但最多四五分钟、五六分钟，像这样十几分钟的我还没唱过。《白毛女》里面都是一段一段的小插曲，而《洪湖赤卫队》第四场十几分钟都是一个人唱的，所以我心里没有底。之前都是唱短的唱词，唱这么长的唱词能不能完成？后来开始合钢琴伴奏，我的气息很流畅，这时我心里就有底了，觉得我能完成。

从《白毛女》到《洪湖赤卫队》，演这些歌剧脱离不开我的民歌基础。演唱声音上是互补的，并不是你什么都不行，一下子就能唱这么大一个歌剧。因为前面我老唱民歌，不演歌剧的时候，我就唱民歌独唱。杨松山、韦有琴和我，还有唱美声的许荣爱，走哪儿演出都是我们几个唱。我还能唱电影插曲《天涯歌女》《四季歌》等，唱的时候都下不了台，观众都喜欢听我唱。我还唱过一首印度民歌和一首日本民歌《拉网小调》。这些作品都反响很大。我觉得我的声音使用很广泛，我既能唱民歌《打夯号子》，这也是我领唱的女声小合唱，也能唱柔和的歌曲。我虽然没有经过专业老师的指导，但是参加过一些小型的学习班且受益良多。像去上海学《白毛女》的时候，我不单在声音方法上有所提高，在感情表现上也有所提高，对唱的时候感情上应该怎么样表现、声音上如何控制，有了一些心得。特别要提到中央歌剧院的楼乾贵老师，他一直"小李小李"地叫我，我有时候到他那里去看他，就说："楼老师，我这个肚子太大了。"他说："小李，这是职业病，你整天用气，肚子能不大吗？"还有我前面讲到的安艺坤、赵河这些老同志，都教过我，光硬拼不行，还得动脑子。我觉得这些老同志对我帮助太大了，甚至一句一句地教我，使我能适应各种风格的演唱。

演唱山东民歌时，我要求自己声音上要美。不单要能唱山东民歌，别的民歌也能唱。歌剧我也能演，歌剧是普通话，大段的唱腔我也能唱。

我演歌剧，是受益于民歌。有些民歌，譬如说"高楼万丈平地起"，它是竖的形象，不是横的，我就是想走这样的路子，到了歌

1978年演出歌剧《洪湖赤卫队》剧照，李兆芳饰演韩英，李乐贵（左）饰演刘闯

剧里面，对我的用处很大。比如说"刀山"，这些字都应该是"竖"起来唱的。我们团里搞音乐的老同志都赞成我这种唱法。歌剧和民歌不能分开说，因为我有民歌的基础，所以我唱民族歌曲，在感情上、音质上都有优势。我演了大歌剧，又提高了我的文化修养；从演唱技巧上说，在气息、声音位置的把控上等，都有了很大提高。比如说歌剧《洪湖赤卫队》第四场，一个人在台上唱半个小时。一大段都是十几分钟，一般唱民歌的、唱小调的完成不了，光用嗓子

嗷嗷地喊，嗓子吃不消。但是我能一连演上很多场嗓子也不坏，大家就叫我"金嗓子"，报纸上都刊登了。

第二节　参加"学大寨"工作组

大约是 1978 年的时候，省委组织"学大寨"，汤化过团长坚持要我去。那时候我父母刚从农村来，那我也得去。我们的组长是张长森，是文化厅厅长，他带队。我们是到山东郓城县王集公社周河大队，这个大队的组长是满恒元，副组长就是桑恒昌和我。

当时农业"学大寨"叫得很响。下去"学大寨"，就是扶贫，把这个大队最穷的扶持起来，成为先进。在我们之前已经有第一批下去了，杨松山就是在那个时候下去的。第一批去的是郓城最穷的地方，我们去的是郓城比较好一点儿的地方。第一批下去的太苦了，没吃没喝的。

当时我们去的周河大队，是比较先进的一个村，我们去了就是配合当地大队党支部的工作。我去了之后，当时省文化厅的厅长张长森就给当地群众介绍，这是"韩英"，演韩英的。"学大寨"期间我经历了许多事，在得到锻炼的同时，思想上也受到了教育。

在"学大寨"的整一年里，虽然我们不和当地人同吃同住，但是同劳动。我们工作组住在一个大庙里面，生产劳动等什么都管。我对农村是很有感情的，因为我从小在农村长大，我们对老百姓也是很有感情的，那里的老百姓对我们的感情也很深。譬如说有一个小女孩，十六七岁，不知道为什么就得精神病了。她整天爬墙、站在墙头上，除了我，谁说也不听，我去了以后把她劝下来，孩子就稳定一会儿。只要我不跟着她，她就犯病。

另外，我感觉到他们那个党支部也确确实实不容易，给我感触很深。譬如说有一个周书记，50多岁，但是看起来很老。周书记人特别好，勤勤恳恳、老老实实的，不怕苦、不怕累。他50多岁时老来得子，每天晚上我们支部都得开会，他都带着这个小男孩。冬天天气很冷，这个孩子就穿着一件没有扣子的小破棉袄，腰里扎着一根绳子，光着脚穿着鞋，在外面的窗户那儿等着，等着等着他就睡着了。我们开完了会，周书记就叫醒孩子，说"起来，起来，走了"，孩子揉揉眼睛就跟着走了。当时我们这些人看着这个孩子，都很受感动。所以对我们来说也不光是"学大寨"，我们也受到了教育。我虽然是农村出来的人，但是我出来这么多年，可以说思想已经有很大的变化了。当时去的时候，那里就是一个先进单位了，但还是很穷，我就想起当初我在农村的情形。他们那里管水果糖叫糖疙瘩，孩子们平时都看不到糖，你要给那些孩子们一块糖吃，孩子们简直是太高兴了。这一段时间，对我的思想触动很大，可以说又回到我原来在农村生活的时候了。

第三节　为电影《平鹰坟》配唱《沂蒙山小调》

1979年，团里突然给我们队里打电话，要把我调回来，有任务。领导就说，你赶快回去吧。当时我也不知道是什么任务。回来以后，领导跟我说，要到上海电影制片厂给一个电影配歌，配什么歌不知道，谱子什么都没有，让我马上去。第二天，我一个人坐火车去了上海。

到了上海，见到作曲家刘雁西。她告诉我，让你来，要配《沂蒙山小调》这首歌，是电影《平鹰坟》的插曲。我都不知道《平鹰坟》是怎么回事，我说这首歌不是我唱的，原唱我记得是韦有琴。刘雁西问我会唱吗？我说会唱，但是这个歌是韦有琴的歌。她就给我轻描淡写地解释了几句，说韦有琴同志确实唱得很好，但是这个电影出来要让全国都知道，韦有琴同志讲地方话，口音太浓，一般的观众听不懂，所以让你来唱。我也就不好推辞了，再者我已经到那里了，所以我就答应下来了。我问这个《平鹰坟》电影是个什么情节，情绪是高兴的还是不高兴的。她说就是一个农村的小姑娘，站在一个山上唱。第三四天的时候，我就配唱了，当时的指挥是陈传熙。这种大场合录音我是第一次，没见过，它的录音棚不像现在，乐队分散得很，二胡在这儿，琵琶在那儿，都离得很远，把我一个人弄到一个平台上，那个话筒还不是现在这样对着人的，是以前的那种话筒，开始我确实挺紧张。我站在那里，音乐一起，我听不清楚，太分散了。但是陈传熙老人对我说，小李，你别紧张，一遍不行咱再来一遍。他对乐队说，小李她没见过这么大的场面，大家捧着点。然后我就开始唱，有一个音演奏的是B，"风吹那个草低呀见牛羊"，我唱的是C，正好差半个音。陈传熙就跟我说，小李，这个地方按总谱是B，你把它改成B。但是我很紧张，当时听不到乐队的声音，下面唱还是C，一共录了三遍。整个录音的情况就是这样。他们为什么让我去唱我也不知道。可能那个时候，这些作曲家都到山东来过,听过我们几个人唱。

1980 年在山东省歌舞团演出独唱

录完三遍之后，指挥就说行了，完成了，别的什么也没说。后面他也没有告诉我是 B 还是 C，也没有说这个地方唱得对不对。因为当时在那里是住招待所，前后最多一个星期，录音也不可能时间很长。

这中间还有一个插曲。故事片《红色娘子军》的作曲黄准，听说我知道很多山东民歌，就找我采访，要一些山东民歌的素材。我当时给她唱了不少山东民歌，比如《对花》《猜花》《小大姐赶集》等。她找我要素材，不是听我唱。开始的时候我也不知道黄准是谁，后面别人跟我说，这是《红色娘子军》的作曲，我心里想是这么大的作曲家呀！

2020 年在临沂重温《沂蒙山小调》

当时和我同在一个招待所、住一个房间的，是一个新疆的小女孩，叫什么娜，后来我们俩还联系过。她跟我说，李老师，我们在这里整天听你的《沂蒙山小调》，电影厂里整天放，我整天听你唱。

第四节　录制山东民歌资料

改革开放初期，上海唱片社到山东来。他们打算从全国每个省里面找几个唱民歌唱得好的，每人选 10 首歌，录制下来作为资料。在山东选的 3 个人就是王音旋、韦有琴和我，之后就邀请我们到上海去。每个省里唱民歌的专家都去录。这时候电声乐刚刚兴起。乐队是由上海音乐学院的老师和学生组成的。我记得录的时候，有人跟我们说，这些民歌录了之后，版权不属于我们，属于唱片社。我们是义务的，就是去了管吃管住，其他的什么也没有。我们 3 个人每人录 10 首歌，录了 3 天。每人一天，这 10 首歌都得录完。第一天韦有琴录，第二天我录，王音旋是最后一个。录音的时候，每个人最多和乐队合了两遍。录音不是一遍就完了，有时候要录好几遍，这一天下来累得不行，录不完晚上还得录。我那个《绣花曲》是用假声唱的，但是不搞音乐的可能听不出来，搞音乐的就听出来了。山东人民广播电台文艺部的音乐编辑汤浩曾问我，兆芳，你那个《绣花曲》是不是用的假声？我说对。10 首歌，一天录完，乐队没配好，也不可能配好。录完了以后，我们 3 个人就回来了，也没当回事，后来他们只给了我们一人一盘盒式带。

这 10 首歌录完回济南以后，汤浩就写了《声声乡音真挚纯朴——介绍民歌手李兆芳和她演唱的歌曲》，发表在《山东广播电视报》1983年2月4日第2版。当时听众对我们的这些歌也有一些反响。有的人给我写信，譬如说有一个人是济南市上新街小学的老师，她写信说对我很崇拜；再就是我们团里的老太太，她们是我真正的铁杆粉丝。

唱片社还有一个管音乐的男同志，五十来岁。他说："我们这种唱片叫密纹唱片，以后再不出密纹唱片了，我们给你们3个人做个纪念。"于是给我们每人做了这么一个唱片，把我唱的10首山东民歌都刻在这上面了。

后来，上海管录音的一个女孩子曾给我打电话，说李老师，你们的这些歌我们要出一个光盘，叫CD。CD里面选了我们每人两首歌，不光是选的山东的，还有其他地方的，比如说《挑担茶叶上北京》的演唱者何纪光，还有浙江的叶菜花，大概10个人，她负责出版。那个时候，连电影配歌都是义务的，都没有钱，也不讲录音费什么的。

有一部电影叫《牙山》。这是一部农业方面的纪录片，山东农业电影制片厂拍的，让我为这个片子唱主题歌。这首歌是赞扬牙山风光的。录完以后，从录音师到其他一些工作人员都喜欢我的唱法。后来省科技馆里还放过这个电影。

这期间我做的这些工作都是以民歌为基础，我录的全是山东民歌。

作品入选《20世纪中华歌坛名人百集珍藏版——歌坛名人2》

第五节　母爱的力量

1985年，山东省歌舞团扩团建院，也就是现在的山东歌舞剧院，招了一批舞蹈小学员，有20多人，都是十来岁的小孩，叫小班。这时候是陈英奎当老师，他是济南市歌舞团来的，我爱人那时候就在下面管团里的仓库。女儿的事之后，我不愿意见人，整天难受。但是看着这些小孩早上起来练完了功，得上大街上去买饭，我就挺心疼，歌舞剧院没有食堂。我在一楼经常看到这些小孩，有青岛的，有其他地方的，都不是当地的。我就跟我丈夫商量，早上给这些孩子煮稀饭吧。那时候他有一个便利条件——仓库里有一口大锅，可以在仓库里煮稀饭。开始的时候我从家里拿上大米，早晨起来把米淘好，给这些小孩煮一锅稀饭，给他们每人一碗。后来陈英奎说，你光自己往里搭不行，这样吧，小班的小孩每人一个月交10块钱，你光管他们早饭行不行？我说行。这样的话，这些小孩每个月交10块钱，早上我给他们做饭。我觉得他们就跟我自己的孩子一样，他们有的是回族的，早上我熬一锅稀饭，再买点面包、鸡蛋、粽子、牛奶什么的，这些小孩都有营养了。那时候鸡蛋还便宜一点儿，早上两个鸡蛋、一碗稀饭，再买一个面包，这些小孩就吃得很好了。院里对我的评价很高，"李兆芳基本上就是义务地给这些小孩服务"。这些小孩对我非常感激，对我就像妈妈似的。有一个叫赵传健的学员，他妈妈是济南的，是回族，孩子回家经常和他妈妈说这些事，他妈妈非常感激我，见到我就说，"谢谢你，李老师，你对孩子这么好"，还对孩子说，"不要忘恩负义，要报恩"。那个时候一到周末，家不在济南的小学员就都到我家来，我给孩子们包饺子吃，做各种他们爱吃的饭菜。他们吃过饭便很开心地在我家玩儿，玩累了就躺在我家床上、地毯上午睡。我还对其中家庭条件不好的孩子给予经济上的资助，一心扑在这些孩子身上。

在这个时候，文化厅要组织一个座谈会，院里就让我参加，讲讲给这些小孩服务的事情。院长于仲德带着这些干部早上起来都去看我怎么照顾这些小孩，比如我早上买点黄瓜，撒上点盐，给这些小孩弄点小咸菜，一个月10块钱，大部分是我自己买来食材自己做。我的老伴儿也跟我一起忙活。

这时候我已名声在外了，院领导早上都上那里参观，看我怎么照顾这些孩子。这样，把这些小孩照顾了两年多，他们就上舞蹈学院舞蹈班了。

之后歌舞剧院又招了一个大班，将近20个人。这个大班都是13—16岁的孩子，院里就聘任我当指导员。舞蹈队队长对我说："兆芳，你一定得来。"因为学员不好带，特别是13—16岁这个年龄段的孩子。这些学员现在有个别的还在院里，有的到了美国，有的在深圳。大、小班的这些学员都对我非常好，有时候过年过节，还来拜年。

这些大班的孩子我就不管他们饭了，只管思想教育，每天开生活会等，管他们思想上的这些事。我非常感谢我爱人，他非常支持我这个工作。这些孩子有青岛的，有烟台的，各个地方的都有。什么时候到我这儿来，我爱人都管饭。小孩考试了，觉得没营养不行，我们都给他们煮两个鸡蛋。所以这些学员为什么到现在对我这么好，我们每天对这些小孩就像对自己的孩子。我做思想工作时都是耐心地与他们谈心，以情沟通，从来不和他们发火，总有一种老妈妈的感觉。这些孩子有什么困难都找我，都愿意跟我说，包括借点钱之类的。比如，有的孩子家庭确实挺困难，其中一个孩子是济南的，是回族的，我自己主动拿出20块钱来帮助他。所有外地的

1991年和舞蹈班大班的学员们

小孩到星期天馋了,像青岛的周杰等,他们都说星期天上李老师家解馋去。后来我去青岛玩,他那时候是青岛歌舞团的团长,现在估计是院长了。他在我们团里的时候也是班长,表现很好。当时青岛来的比较多,青岛的男孩子、女孩子大概得占一半。这些孩子就把我这个家当成他们的家,有什么困难,都来找我。比如周杰说,李老师俺没钱了,我就拿钱给他。我给他50块,他只需要跟我借10块,就说李老师,我跟你借10块。

有时候这些男孩子有什么不对了,做小坏事儿了,都来找我。有一个男孩子本质很好,也很聪明,各种舞姿都做得非常美,就是调皮捣蛋。譬如说,早上说几点起床,他就不起。他不起的话,这个班就不好带,别的学员就会说他怎么不起床,他怎么不上课呢?所以他在里面起的作用不好,我就要做这方面的工作。有一天,这个小男孩在外面跟社会上的一帮孩子打了架,他便也找了一帮孩子要出气。这个事情我知道了,就及时找他谈心,开始他不承认,我也不发火,就像老人似的和他慢慢谈。他受感动了,就把过程告诉我了,还说他准备夜里带着他找的这帮人再去跟那帮人打。这件事被我给解决了,因为我把他的思想工作做通了。那时候团里是吴士升当办公室主任,对我做的这件事情很赞扬,说我避免了一场想不到的事件。

许多年后,这些大班的、小班的学员还对我心怀感恩。有一次我去北京了,小班的学员要在济南大明湖那边的饭店聚会,他们说"一定要找着李老师"。正好那天我和老伴从北京回济南,在回济南的火车里面,那帮孩子给我打电话,说:"李老师,我们今天小班的全体队员聚会,谁也不请,但你得过来。"我和老伴下了火车,放下东西,就赶到了那个饭店。孩子们看见我激动得直哭,亲得了不得。在那个聚会上,我还没说两句,一个青岛的小孩就开始哭了,说李老师怎么好。我带了4年舞蹈学员,当了4年政治指导员,这段时间我是全心全意地扑在这上面,这对我失去女儿的痛苦也是一种缓解。有时候看到他们这么大了,我一下子也会想到自己的孩子,我从心理上拿这帮孩子当自己的孩子。譬如说他们练功,我根本不懂,但我会从早到晚一直坐在钢琴边陪着他们。这个事情院里知道之后也挺受感动,要给我记三等功,还说光记功不行,又给了我一个"先进工作者"的证书。到现在这些小孩看见我还非常亲,只要我一说什么事,这些孩子都来帮忙。

白云麟那时候是团长兼舞蹈队队长,后来他还想让我在舞蹈队当指导员。我说我不能在这儿待了，我的专业是搞唱歌的，我也快退休了，我要为我的声乐画上个句号。我就跟院长于仲德说了，退出舞蹈队了。在这段时间里面，工作让我的痛苦减轻了。也因为女儿的事，我十多年没上过舞台，没唱过歌了。

第六章　最美还是夕阳红

第一节　再次走上舞台

1992年9月，我退休了。退休后，早上我就跟着老同事们到体育中心锻炼，跟着那些老太太们跳舞、做动作，还跑步，慢慢地我的心情开始好转了。于是，我和老伴儿德宏决定去各地旅游，这样既增加了生活的色彩，开阔了我们的眼界，也对促进我和德宏的身心健康起到了重要的作用。

李兆芳夫妇游桂林阳朔

李兆芳夫妇游桂林象鼻山

第六章　最美还是夕阳红

李兆芳夫妇游厦门鼓浪屿

李兆芳夫妇游河南红石峡

李兆芳夫妇游河南少林寺

李兆芳夫妇游香港

第六章　最美还是夕阳红

游澳门大三巴牌坊

李兆芳夫妇游台北

李兆芳夫妇游日本

李兆芳夫妇游韩国

李兆芳夫妇游泰国 1

李兆芳夫妇游泰国 2

游马来西亚

和孙女垂璨在国外游览

后来济南老年人大学有一个会演，有一首歌《我的祖国》的领唱演员突然病了，他们很着急，就邀请我去领唱。当时他们说的是车接车送，我觉得不好意思，就说"不要这样，没事儿"。第二天我去了，正好他们合唱，我就跟着他们一块合乐、排练。我在合唱队里面张口唱了第一句，合唱队里的人便大吃一惊。那时候我都七十来岁了，头发也白了，但一开口，他们一听，老太太嗓音还挺年轻。第三天就到山东剧院会演，我就当他们的领唱了。当时我一唱，山东剧院的一些服务员都惊呆了，然后就问："从哪儿找了这么一个人，从哪儿找了这么一个老太太？"意思是唱得这么好、嗓子这么好。演出完以后他们得奖了，要给我钱，我不要，都是义务的。他们非要送给我一件背心，说这是每个人都有的，留作纪念，我就收下了这件背心。这算是沉寂十几年后第一次上台了。

　　第二次还是济南老年人大学的演出。指挥老师姓唐，他后面要组织演《山丹丹开花红艳艳》，还有《苦菜花》，这两首歌都让我领唱。我没在家，去北京了，我老伴就答应这件事了。既然他答应了，我就回来参加。当时一合乐，他们也是大吃一惊。我还跟他们一块儿在历山剧院演出，这算是我第二次上台了。第一次上台的时候，《济南新闻》里面还有我的一个大特写镜头。这段时间我就参加了这两场演出。后面再找我，我就没有去。山东民歌要参加苏州的会演，杨中胜亲自跟我说，山东爱乐合唱团的朱惠芳老师等人商量，想让我去给他们领唱山东民歌《赶牛山》，这是淄博的民歌。这时候我就不愿意唱了，年纪大了，再出差，我就觉得有点儿吃力。虽然我精神好了，但我身体不行了。

2008年我患了癌症。但是我思想上不像以前那么痛苦了，癌症我也无所谓。这个癌症可能就是前面长期悲痛积下的。对这个病我思想压力不是很大，不是说我得了癌症就要死了。查出来后，我给孩子打电话，当时孩子一听就在电话里哭了，我说："你哭什么，要是哭能哭好了，我发动全团都哭。"我自己没觉得有什么。

第二节　山东民歌传承与学生培养

很多民族的东西，谱子上是体现不出来的，只有唱的时候才能显现出来。别管哪首歌，你要抓住这首歌的特点。一首民歌不可能从头到尾都是一个味道，它里面肯定会有一些出彩的地方。如果一首民歌按着谱子死板地唱，会有很多细小的味道、出彩的地方唱不出来。民歌要有特点、亮点，有地方语言的味道等，唱出来才会出彩！民歌来源于民间，一方面要深入民间，向老艺人学习民歌的精髓、民歌的细节；另一方面，要有自己对民歌的理解，要细心揣摩，根据自身的声音条件和特点进行二次创作，从而使一首民歌丰富起来。处理后的歌曲再唱出来，能让观众感觉更顺、更美，细节更到位。像《对花》，里面出彩的东西谱子上一点儿都没有。"正月哪得儿里来嘿嘿嘿"，这样唱听着就很顺。但是现在有的演唱人员没有把精华的东西唱出来，只是唱"正月哪得儿里来"。其实这首歌画龙点睛的地方就是"正月哪得儿里来""嘿嘿嘿"的唱法处理。如果这两个点没有了，可以说这首歌主要的精华就没有了。

魏占河等老师往农村跑得很多，他们主要就是收集这些素材。

如果只是记谱，作为一个专业大学生谁不会？但是怎么能体现出民歌的味道、精华，这很重要。

山东省群众艺术馆的音乐组，当时是山东民歌挖掘、收集、整理、再创作的机构，没有他们的辛勤劳动，便不会有今天山东民歌的普及、传唱、影响和效果！这些同志有苗晶、魏占河、刘继忠、萍生、王传坤等。我有幸在那个时期跟随他们学习了许多经典民歌，作为演唱者，民歌在我之后的艺术生活中起到了关键的作用。

当年有四位著名的山东民歌演唱家，其中王音旋、杨松山和韦有琴都走了。年龄最大的是王音旋，她可以说是当代山东民歌的奠基人。在我的印象当中，她是所有专业演唱者中最早开始唱山东民歌的人，是将山东民歌正式搬上舞台的第一人。她后面就是我，因为我从1956年就开始跟着她，她对我的影响很深。王音旋于1948年参加革命工作，她给我的感觉就像一位老同志，所以她走到哪里我都跟着，就像只跟屁虫。我也去过王音旋家，她姐姐、弟弟我都认识，我是在王音旋的影响下开始认识、演唱山东民歌的。

我到了部队以后，省群众艺术馆搞了几次山东民歌的学习研讨会。我和王音旋两个人就代表济南军区参加了这个学习研讨会。在这些研讨会上，我接触了很多山东民歌、很多老艺人，我对山东民歌的感情就是从这儿开始的。我们民族的东西，有很长一个时期处于低潮，可以说我们有很长一段时间都把民族的东西忘了。随着"文革"的结束，国家对民族的东西越来越重视。像山东艺术学院、山东师范大学的老师等，这些人曾经跟我说过很多次："李老师，我一定抽出时间来，一定把你的东西赶快抢救出来。"我的心之前都已经沉睡了，不再想这些事了。但是近几年来国家对民歌传承与发展的重视，加上贾堂霞的山东民歌演唱会和专业院校的邀请，把我沉睡的心又一下子激活了。我老觉得肩上有个担子，应该把我所知道的东西往下传一传。

我跟老伴儿商量，我们俩做点儿传承民歌的公益事业。做公益事业就是不收费，什么都不要。我们可以到一些单位，把我的感受讲一讲，因为一些民间的东西谱子上没有。譬如说京剧，为什么京剧老师要一句一句地教，一个弯一个弯地教？你也唱民歌，我也唱民歌，都叫山东民歌，但是为什么你的味道不如我呢？因为我唱出了很多细微的东西，我还有很多在农村生活的体验。艺术要源于生活，但高于生活。让艺术"高于生活"，就需要搞专业的人来担这个担子。作为专业艺术团体、专业艺术人员，我们不只要把从下面收集上来的东西学会，还要在艺术上进行再提高。我虽然是业余出身，但是我从事了专业工作，就应该肩负这个责任。

一些年轻演员在演出当中，经常会碰到一些问题，她们就来找我。譬如说山东民歌《对花》里面有一些拐弯的小技巧，她们不会；《对花》最后一句"呀哟呀哟嗬儿"，里面有一种颤音，但是大家都不知道这个音是怎么发出来的。因为我唱得很自然，很顺，她们就找我学。

我给舞蹈《做军鞋》伴唱，里面有两段独唱，它们有山东味，但是不是山东话。"小小的钢针儿穿麻线"，它的词很朴素，很接地气。我的声音在各个方面都发挥了我的优越性，很甜美。这个作品创作的基础也是山东民歌，许家祥编舞，方平作词，赵河作曲。这个舞蹈一直是省歌舞团的保留节目。《做军鞋》我不知道唱了多少场,去北京参加国庆游园的时候还唱过,一直是我领唱。

在山东歌舞剧院,他们管我叫"民歌篓子",意思是装的民歌太多了。从团长、院长到队长,只要有人唱的民歌不够味了,他们就说找李兆芳去。西哈努克亲王访问中国的时候,我们唱了一首金西的《清蓝蓝的河》,后面那句"咿嗨哟,哎得咿嗨哟",我们演唱队的女的也能唱,但是没有我唱得自然,她们有时候觉得"得"这里有点儿艮。演唱队队长就说:"找李兆芳去!限你们三天时间,唱会了,我每个人都要听!"实际上,这首歌她们都没有学会。特别是《对花》,找我的人太多了,但是这首歌里面有两个地方,就是我前面提到的,"正月哪得儿里来"和"嘿嘿嘿",她们都学起来有难度。要说我教了多少学生,那太多了,她们没有正式上课,就是经常带着这些问题来让我指点,领导也让她们来找我。有的歌有很多技巧,我们应该有方法地去唱这些民歌。

为什么老是让我教,因为我经常演出,关键是这些作品我唱得很自然,很顺。但是她们拿过去以后就有点儿别扭、生硬,融不到一块儿去。这里面一个是技巧,另一个是演唱的味道。比如,有首歌叫《挂红灯》,"正月里来正月正,咱给军属来挂灯,问声军属你可好啊嗯哎哟,嗯哎哟,门上挂上那黄龙灯啊嗯哎哟"。这也是一首山东民歌,它里面就有那些小的弯,像"嗯哎哟"。再如潍坊的《对花》,"说了个一呀",如果唱成"说了个一",味道就没有了。谱子上是根本没有这些的,体现不出来。

团里大致上就是这样,跟我学《做军鞋》、学民歌的多一些。40

多年前，我三四十岁的时候，专业的教师对我的唱法就是认可的。为什么老提到《做军鞋》呢?《做军鞋》是山东省歌舞团的原创精品节目，歌舞晚会最后一个节目都是《做军鞋》，压轴的，所以它的演唱是很重要的，等于是主题曲。

2014年以来，各地掀起演唱民歌的热潮，习近平总书记在全国文艺工作座谈会上的讲话起了决定性的作用，它大大鼓舞了文艺工作者的士气，使山东民歌再一次复兴。青年歌手贾堂霞在北京举办了一个山东民歌独唱音乐会，当时请了很多山东的艺术家。贾堂霞的老师是王音旋和韦有琴。我虽然知道这个年轻人，但是没有和她交流过。她在北京举办这个山东民歌独唱音乐会时，跟我还不熟，跟许荣爱很熟。许老师介绍了我，她特意邀请我参加。当时，因为很长时间的压抑，加上我本身喜欢这个工作，一听说这件事，我便说我身体不好我也去，我到北京去看你的演出。

看了演唱会以后我很激动。我和王音旋、韦有琴，我们三个唱民歌的老人都没有这个机会，而贾堂霞能够整个地把山东民歌作为一个演唱会，拿到舞台上，这是非常不容易的，而且是在北京举办独唱音乐会。我们三个人那时候没有这个条件，连个录音机都没有，又赶上"文化大革命"，不准报名，等等。贾堂霞在台上一唱，我就觉得这个青年人嗓子挺好，唱得不错，但是细抠的话，小的地方还有些欠缺。整体上，我是很佩服她的，我觉得山东民歌已经沉睡了这么多年，有一个人敢在舞台上把它拿出来，整场全是山东民歌独唱，这很了不起。这个歌手非常勇敢。

她的音乐会结束之后，召开了座谈会。这个座谈会前面有很多专家发言，大家都是讲好的一面，这些好的地方我是同意的。我发言的时候，当然前面也是表扬了一番，但是我对她的唱法提出了不同意见，我当时就讲了几个民歌作品的例子。在座的很多人都感到惊奇，从来没听说过李兆芳，怎么她敢说贾堂霞有的地方唱得不对？我一唱，和贾堂霞的演唱一做对比，大家都感觉我唱得怎么这么好，既有味道，又有技巧。可以说在这个会上，我对大家的影响很大。我讲道，《对花》本身是一首情歌，山东民歌也有情歌，因此你不能把它唱成像吵架。两个小情侣互相之间有一点儿斗气，一个说"你怕我再找一个"，另一个说"你找一个我也不怕"，它是两个小情人在逗着玩儿。你把它唱成像吵架似的，两个人在台上吵架，"你要怎么着，我要怎么着"，速度太快，就不对了。这首歌的灵魂就是我讲的这点，你们没有抓到。贾堂霞做到了很多，但是还有一些没有做到。那个男声一点儿也没有做到。他是中央民族大学的一个独唱演员，也挺有名的，当时他就在我身后坐着，我说人家没做到，后来我还怪不好意思的。我接着就谈到山东民歌应该怎么唱，我自己有深刻的体会。譬如说德州民歌《唱秧歌》，它是对唱，两个小青年，你在河这边，他在河那边，"桃花哟"，跟那边招手，"你过来，我们两个一块儿唱秧歌"。这首歌他们也出现了这种毛病，它本来前面是很抒情的，后面是很欢快的，而不是很吵。我对这几首民歌提出了自己不同的看法。当时会上有很多是专业的艺术家，也有业余歌手，听我这么一讲，都轰动了，把我给围起来了，叫贾堂霞赶快认老师，非要让她跪下给我磕头认老师。说真的我不愿意收学生，老孔担心我的身体，他也不愿意让我收学生，因为教学生很累，我的身体也不好。但贾堂霞非要说"这三位唱民歌的老前辈我都要认了"，意思是把你们的东西都挖出来。所以在北京的庆贺宴会就是一个主题，大家撺着贾堂霞拜师，我就一直没有答应，可是贾堂霞整天说她是我的学生。她老是想搞一个仪式，磕个头认老师。她一直联系我，认定了我是她的老师。我当时就说："堂霞，你现在已经是一个基本成熟的、比较优秀的歌唱演员了。"

我一直没有承认贾堂霞是我的学生，但是我们有一种师生的情谊。贾堂霞从我这儿确实受益不少，我的知名度通过那次座谈会也提升了很多。山东师范大学和曲阜师范大学的老师和院长都去了，他们就提出来要找我学民歌。但是后来因为新冠肺炎疫情等原因，他们没来。曲阜师范大学的老师还通过王桂兰教授给我打电话，联系来济南学习的事情。

后来山东师范大学举办山东民歌训练班，2019年9月28日在省会大剧院汇报演出，由山东师范大学音乐学院院长李海鸥主持，邀请我去了。他们就讲到我是怎么学《对花》的，现在年轻人唱得怎么样，并且邀请我上台。当时我一上台，台下的观众一看这个老太太80多岁了，还能唱两句，都很热情。台下所有的乐队人员和其他的同志也都对我很尊重，可以说又把我包围起来了，我又成了"主角"了，一天光照相不下200多次，大家热情得不得了，我也累得不得了。我开玩笑地说："这个舞台的'中心人物'反倒成了我了，你们再照相我就得收费了。"

晚上演出结束以后，要谢幕，这时候台下有一个小孩，他妈妈把他抱上台，他跑过来抱住我要照个相，他妈妈在台下说"赶快跟奶奶照个相"。

我最赞扬贾堂霞的是，她很勇敢，很用功，她对山东民歌感情很深，她有一颗热爱山东民歌的心，有一颗传承、传唱山东民歌的心，而且做了很多工作。我为什么深受触动，这里面有一个历史问题。这几年山东民歌一直处于低潮，人们都快没有印象了，这个时候她能站出来演唱山东民歌，凭她的勇敢我也支持她。这等于让山东民歌又复活了，这很重要，这是传承山东民歌工作当中的很重要的一步。

我和贾堂霞两个人是互相鼓励，她的行动唤醒了我这颗沉睡的心，也再一次使我焕发了青春，点燃了我对民歌的执着和热爱。她从我这里吸收了老一辈关于山东民歌的很多演唱技巧等精华。老一辈对山东民歌的情感和信心也深深地感染了她。我现在主要给贾堂霞讲我的一些观点，比如演唱山东民歌一定要以美为主，既柔又刚。我要求贾堂霞别管数量多少，但一定要有自己的作品。要想推广山东民歌，光走别人的路子不行。对山东民歌要精益求精，要进行升华。要想把山东民歌推出去，没有质量是不行的，就是唱得再多也不行。我对贾堂霞比较满意，别的不说，起码她这么执着地研究、传唱山东民歌，这一点就是让人非常佩服的。

除了关心帮助青年优秀歌手，2020年11月下旬，我还应邀到山东革命老区临沂给临沂大学音乐学院全体师生讲述、传授山东民歌的演唱技巧和体会。

我生在旧社会，长在新中国。在各级领导的培养下，1956年我成为一名部队文艺工作者，这是我一生中最大的转折点，后转业到山东省歌舞团。是党和国家的培养、教育，让我成为一名受人尊敬的山东民族歌唱事业的工作者和传播者。我这一生当中最感恩的就是党培养了我，教育了我，成就了我。

共产党不单成就了我的事业，也成就了我的一生。为什么这么说？因为在旧社会，像我这样的，如果没什么发展，就是在农村里整天围着锅台转。但是通过党的培养和教育，我在素质、文化等各个方面都有了质的飞跃，有了很大提高。

我有时候跟身边的老同志说，我们年轻的时候想吃什么也没钱，现在我的生活吃不愁、穿不愁、看病不愁，各个方面都不愁了。这样的生活是从哪里来的呢？是党给我的。现在我的业务水平也提高了，也发展了。这些可以说我以前做梦都没想过。

各级领导、党组织把我"赶鸭子上架"似的慢慢推到了现在这个程度。但是在工作上、在这些成绩面前，我老感觉做得不够。随着国家对民族文化事业的重视，我对民歌的激情再次被点燃了，并得到大家对我的认可和喜爱。

我的一个学生曾在教师节的时候说了几句话，她说："李老师的歌声当中透着一股子朴实、善良和女性的温柔，这种感觉一般人都喜欢，这种感觉才是山东临沂味。李老师演唱的《沂蒙山小调》，我听过很多遍，也放给很多人听过，他们都很喜欢李老师唱的这首歌！我女儿也喜欢听李老师唱的歌。"

有人说："李兆芳人品比较好，思想觉悟高。"虽然只是简单的一句话，但是对我是很大的鼓舞和鞭策。

我已经是86周岁的老同志了，是一名老共产党员。退休以后，我还有一种使命感和责任感，我认为山东民歌应该发扬光大、传承传唱，我有这个责任，也有这个能力，我要发挥"夕阳红"应有的作用。2021年庆祝建党100周年，我有机会参加建党百年的大型系列活动，这是我一生的幸福和荣耀！新时代对我们提出更多的新要求，在新的征途上，我将一如既往，尽自己一份微薄的力量，为将山东民族歌唱事业传承下去发挥自己的余热。

在山东歌舞剧院院史馆"艺讲堂"主讲山东民歌

在振兴山东民歌研讨会上发言

在中国音乐学院新山歌社山东民歌专场与指导老师张天彤交流

李兆芳（中）与临沂大学音乐学院党委书记许崇波（右二）、山东省社科联社会科学进修学院名誉院长吕季明（左二）、速记员姚红丽（右一）等在临沂大学

与临沂大学音乐学院学生合影

指导临沂大学学生演唱

接受中央电视台采访

和山东著名歌唱家、山东艺术学院王世慧教授合影

在齐鲁文化艺术名家讲坛上讲话

在山东民歌的传承、传播与创新研究学术研讨会上发言

第六章　最美还是夕阳红

辅导贾堂霞

辅导社会学生

参加"传承经典、咏诵祖国"山东民歌音乐会,右为山东师范大学音乐学院李海鸥教授

参加山东民歌音乐会与指挥等人合影

和爱好山东民歌的小朋友合影

和贾堂霞合影

第六章　最美还是夕阳红

几十年前和王音旋对唱《撒大泼》的老唱片

第七章　我的民歌人生

第一节　我对民歌与歌剧的认识

我从农村出来，什么也不懂。参加了山东省群众艺术馆举办的培训班、召开的民间艺术研讨会后，我才知道了山东民歌，才认识了山东民歌。当时的山东省群众艺术馆的确是山东民歌挖掘和开创的根据地，他们整理出将近1000首民歌。在那里我学了几百首民歌。现在来说山东民歌，当然这个题材很大，它不是说哪一个地区的。民歌很多，各式各样的民歌都有，譬如说，抒情的、劳动号子、小调等。我只能说我会唱了几首山东民歌，但不敢说我是山东民歌专家，我确实是不敢这样说。第一，我的水平不行；第二，我接触的只有群众艺术馆的训练班教的知识，并没有下乡去具体地收集过山东民歌，因为我成了省歌舞团的演员之后，任务就是唱歌、演戏了。特别是演了《白毛女》之后，什么戏都往我身上压。但是我热爱山东民歌。

山东有很多民歌小故事，比如说，有一首歌叫《趴墙头》，杨松山唱过，讲的是小两口结婚，一些年轻小伙子去听房。农村里兴听房，在农村叫趴墙头，就是趴在墙头上，伸着耳朵听人家小两口说什么，农村家里都有院墙。这一帮小伙子正趴在院墙上偷听，忽然有一个小伙子一手按到蝎子上了，蝎子蜇了他的手指头。这首歌的内容挺幽默的，挺吸引人的。还有一些民歌的内容是贬低妇女的，比如《好一个懒老婆》《懒老婆吃狗》，内容对妇女有些歧视。这些东西如果拿到舞台上去唱的话，就要进行艺术加工与改良。

我对山东民歌的认识，第一，不能只会唱，还要进行艺术加工。我还是拿《对花》来说，农民唱得确实地方味道很浓，很土，也很好，但在舞台上不能太土。作为艺术品，作为一名舞台上的歌者，我不能用聊城话唱"正月哪得儿里来"。农民唱，就是凭着嗓子唱，没有方法。但是到我们来唱了，观众对我们的要求是不一样的。虽然我是农村出来的，但是到了前卫文工团，从"前卫"又到了歌舞团，我成为一名专业的文艺工作者了。对专业文艺工作者，从观众到我自己，各个方面的要求就不一样了，既要有地方味儿，又不能艮，还得在艺术上有所提高。譬如说，《对花》里面的"正月哪得儿里来什么花儿开呀"，"花儿"这里我就稍微装点了一下，"什么花儿开呀"，你不能说"什么花开"。作为一名专业演员，上了台还要有一种美的理念。唱民歌的应该有一个基本思想，就是要把山东民歌唱得美一点儿。好比说，有的歌贬低妇女，"好一个懒老婆，光吃不做活，白天里睡大觉……"歌词里是"懒老婆"，但是我们在舞台上就不能这么唱。我对民歌有很多认识，中心意思就是，不能全部照搬过来，要从声音，从各个方面进行加工，但是还不能丢掉地方味儿，不能丢掉民歌的魂。它的魂包括很多东西，有颤声，有打得儿，还有衬词。比如说衬词，像《对花》最后的"七不楞僧啊，八不楞僧哪就楞僧僧啊，呀哟呀哟柳叶青呀哈啊"，要是"呀哟呀哟柳叶青呀哈啊"没了，这首歌的精华就没了。农民唱出来的是有这个东西，但是不一定像我唱得这么灵活。"呀哟呀哟柳叶青呀哈啊"，从演唱上来说，它有技巧，有方法，有特点，农民没有方法。到我唱时，我就追求美的东西。比如说"迎春开花儿"，济南人讲话是"开花"，向下滑音，多难听；我唱时，"迎春开花儿"向上加了一个滑音。这里面有很多这样的东西，这些东西并不是说听起来就怎么样，可是整首歌曲连贯起来，它的艺术水平就有所提高了，这首歌就灵活了。为什么我一再强调衬词，比如说有一首歌叫《看郎》，"姐儿南院去插花儿了，咿个呀儿哟，情郎哥儿捎书儿叫奴去瞧他呀哈，两手是无啥拿了嚎嚎……"，这里面有这个"了嚎嚎"，山东的地方味道就有了。有的人把这个"了嚎嚎"去掉了，这个"了嚎嚎"就是衬词。它里面还有一个上滑音和一个下滑音，山东民歌的特点也有了。

我在声乐的研究上做了一点儿工作。譬如说《绣荷包》，都是山东民歌，但是有苍山的、胶东的，等等。有的地方的这首民歌，地方味道不浓，音乐上又很平，我怎么唱呢？我要求它美。"初一到十五啊，十五的月儿高"，它很平，但是我从声音上、从节奏上，加上上滑音、下滑音和儿化音，从这些地方弥补这首歌的不足，把

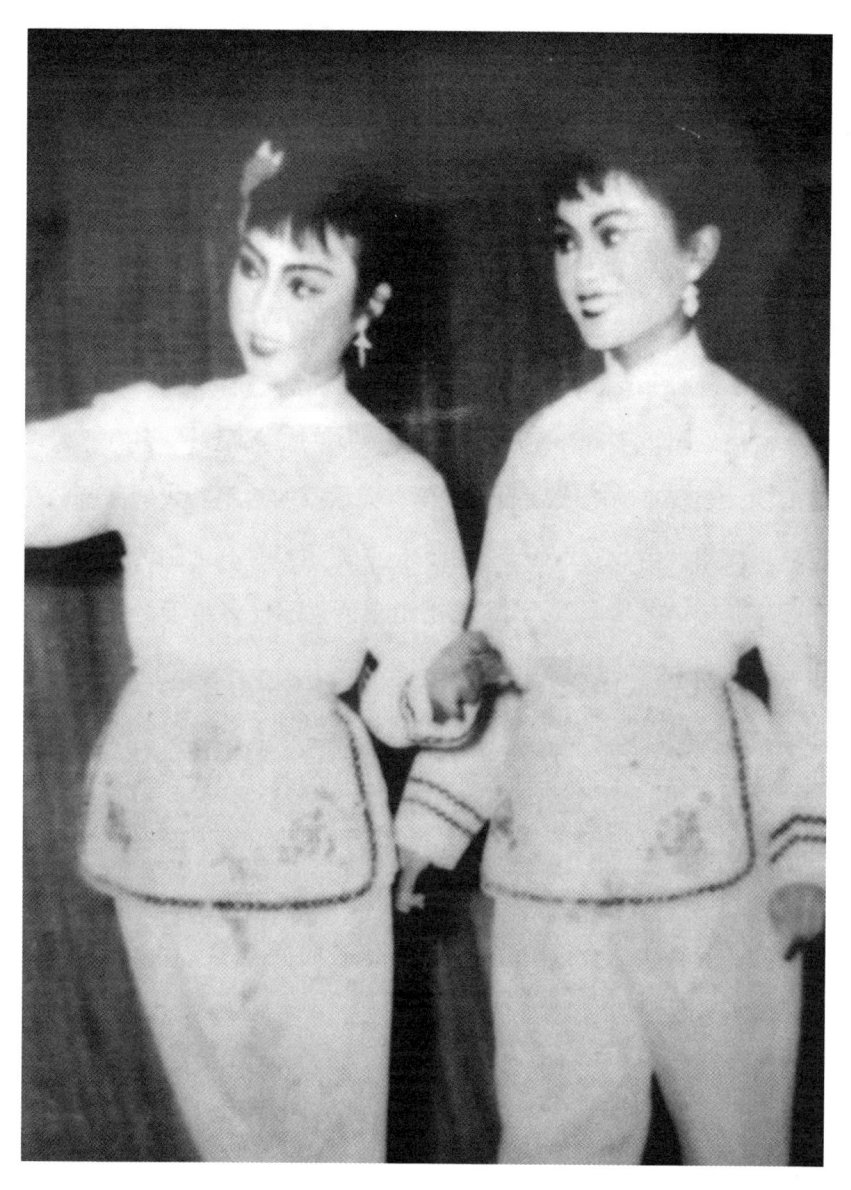

1958年与歌唱家张瑛（左）演唱山东民歌剧照

它处理得很美，唱出来很动听。有些人，特别是办那个学习班的，他们一听就说，李老师，你这首歌唱得这么甜。

上面说了唱法，就是专业的唱法。我追求的是既有方法，又不失掉农村、农民的那种风格，那种地方特色和味道。

第二，我觉得民歌给我带来了很多荣誉，但不光是荣誉，还有其他很多东西，譬如说方法。我能把《白毛女》演下来，就是受益于民歌。《白毛女》里面的歌全是民族的唱法。但是这些东西你要完全按民歌唱也不行，民歌都是小调一类的，都很短，只有三段两段的词，要真正演唱大歌剧，就要有大歌剧的水平。我的高音，在民歌里面用，到戏剧里面照样用，但是方法上是有区别的，区别在于咬字，唱"北风吹"，就不能用山东话，那样多难听，所以就得用普通话去唱，"北风那个吹"。

我没学过表演，在农村时也没有接触过地方戏。但是到了专业团体后，我在丰富的舞台实践中有了宝贵的收获。我在前卫文工团的时候，学过一阵河北梆子，对我的帮助很大，尤其是在声音的唱法上。河北梆子的声音很宽，高音很高，低音很低。从专业上来说，我是真假声结合得比较好的，到高音时假声多一些，到低音时真声力量强一些。我举个例子，《白毛女》哭爹那一段，张嘴就是"A"的音高，"霎时间天昏地又暗"，"霎"，不能一下子全部真声，全部真声它发裂，那样就不好听了。你得有方法，上面假声，下面真声，"霎时间天昏地又暗"，它的声音还在上面，下面还托着它，不全是放下来的。所以说，河北梆子对我的帮助很大，河北梆子上面声音很高，下来就一下子到了低音区，关键是气息的控制。

第七章 我的民歌人生

　　在我的演艺生涯当中，唱民歌给我带来了很多荣誉，这是我的人生财富。我为什么这么说？因为我唱民歌，被这么多领导、首长和观众喜欢，我觉得这是很多人一生都求不来的。对我来说，从农村出来的小姑娘，能够见到这些中央首长和万千老百姓，就是我的荣誉，就是我一生当中的幸福。但是我的东西从哪里学来的呢？我的东西是从民族当中来的，是从生活当中来的，是人民、群众、老艺人给我的。没有党的培养，没有同志们的扶持，我能演歌剧吗？我能唱这么多民歌吗？我能接触这么多民间的东西吗？不可能。虽然我的工作很累，身上老是像压着一个很重的担子，但是党培养我，领导重视我，我也是受益者。这个压力有它好的方面，领导把我放在舞台上整天锻炼，把我给摔打出来了。我不能忘了党的恩情，不能忘了老同志们的扶持。我既没有经过音乐的、戏剧的专业学习，也没有受过高等正规的培训，就是一张白纸。但是为什么那么重的担子，那么大的角色都往我身上压呢？因为党组织、领导想培养我，这是党组织对我的信任。有一个小例子，就是舞蹈《做军鞋》，赵河写的曲子。它里面有伴唱，有独唱，独唱是我。从我们队长到团长，到指挥，都同意我唱独唱。我们团里的人都挺佩服我。这并不是说我水平多高，而是由于我的自然条件比较好，再一个是我在感情上、在咬字上很朴实。比如说，"小小的钢针儿穿麻线""军队和人民血肉紧相连，麻线儿紧跟着钢针走啊"，都是普通话，我唱得很形象，很有感情。为什么？因为我有这种生活经验，我纳过鞋底，钢针、小针怎么拿我都会。这里面要有情，不能光声音好听，情从哪里来？就是从生活当中来的，在生活中积累的。

在声乐的唱法上，我也没有经过专业训练。人家都有老师教三年、两年，我没有。是党把我教育出来的，演出任务老压着我，逼着我用功，不用功就赶不上，就无法胜任。排个歌剧，人家大专院校毕业的拿过谱子就能唱词，我不行，我得比人家多付出一倍的功夫。在唱民歌上，在声音的方法上，在演唱上，党组织都给了我很大帮助，从感情上滋润着我。这使我在演唱上并不是在台上唱几句，让人家说"这个人嗓子挺好"，就完了，我还形成了一些独特的唱法，并得到了观众和专业人员的认可、喜欢。现在我80多岁了，还能够唱几句。在声乐的民族唱法上，民歌也给了我很大帮助。民歌给我奠定了很牢很深的基础。无论是我演歌剧还是什么，从声乐到方法，我一切都是从民歌开始的，是民歌把我慢慢托起来的。我有很多感受，这是心里话。这些话我从来没有跟别人讲过，贾堂霞办音乐会，我去了之后一讲就引起了轰动，他们都很惊讶，从来没有听说过还有一个李兆芳，简直把我包围了。大家一听，我在唱法上不是没有方法的，我要求的味道和各个方面与别人不一样。

民歌使我受益一生，所以我对民歌的感情很深。要不别人说我，"你一说山东民歌就激动"。我那些学生就老说，"老师，你别激动"。我真激动，不是假的，我一激动就浑身哆嗦。我在山东师范大学讲课的时候，一激动大家就都笑，我说："我一听说唱民歌心里就激动，就想赶快去，再一个是我学的东西，想赶快说给大家听。"为什么又提起我这个精神来了？就是习近平总书记在讲话中指出的继承发扬民族民间文学艺术传统，对我的鼓励很大，把我这个心又激起来了。所以现在人家一说民歌，我就想去唱，而且就想说说这首歌应该怎么唱。为什么我一唱就引起轰动呢？一样的歌，我唱出来跟别人不一样，《对花》是这样，还有其他很多歌是这样。我能说很多，因为我学了很多，我还是有些基础的。在贾堂霞山东民歌座谈会上，我就举了《对花》的例子，所有去的人，包括山东师范大学、曲阜师范大学的老师等，都对我非常佩服，"李老师这个歌还能这么唱"。大家都轰动了。当时是2014年，我那时候还不到80岁。就是我说的这首歌里面的几个技巧，你只要把这几个技巧掌握了，山东民歌好多地方你都可以用。第一个是打"得儿"，山东民歌的"得儿"，基本上哪个歌都有，比如《清蓝蓝的河》《谁不说俺家乡好》，都有这个"得儿"。第二个是颤音，这都是专业上的。为什么我说颤音呢，就像淄博的《打秋千》，歌是谁都能唱，但味道就在这些细腻的地方。譬如说云南民歌《绣荷包》，"绣绣荷包"，陕北民歌"山丹丹的那个开花哟"，我认为味道都在这些细节方面。这都是我演出、演唱上的一些体会。

　　有民歌的基础，唱了这么多民歌，使我对歌剧接受得也很快。但是只唱民歌的人唱不了歌剧，歌剧它是全盘的。这些东西都是互相影响的，歌剧对民歌也有好处。歌剧对我在文化、表演、唱法上的提高，作用很大。我从来没有学过表演，我也不知道怎样叫表演，我就是实打实地做，往地上摔也是实的。人家都说唱民歌的、唱小调的演不了大歌剧，但是《洪湖赤卫队》的第四场从头到尾是我一个人唱的。我们的导演是蓝英，我唱完了以后，我们同事就跟导演说："老蓝，她真不简单。"蓝英就说："你看我选的人怎么样!"我听说之前有人质疑过:"这么大的歌剧她能唱得下来吗?"四场,最后我唱下来了,而且连续演十几场,都是我一个人。民歌和歌剧都扶持了我。这些东西对我都是有益的。不是说我一下子就成一个歌剧演员了,没有这些经历我成不了歌剧演员。

我没学过表演,文化程度也不高,为什么能让我演那么大的歌剧?我认为有两个方面的原因:一个是党组织的信任和领导的支持;另一个是个人的努力,个人不努力也不行。

我和王音旋俩人唱《妯娌拉呱》,王音旋唱得确实有味道。我们俩唱《撒大泼》,演出效果也很好,它后面还有对话,还有说,也都有小衬词在里面。《沂蒙山小调》是韦有琴的功劳,还有《包楞调》。《包楞调》为什么能传出去?因为它土的东西不多,搞声乐的人都能唱。现在很多人都把民歌的魂唱没了,这个东西是很难。就像我前面说的那首民歌,"正月哪得儿里来迎春花儿开呀哈哎呀哈啊",他们就把这两个衬点唱没了,他们都觉得很难,我没觉得很难。这个东西在谱子上体现不出来,也没有符号记录这个,但谱子没有错。有些词,像"迎春花儿开",实际上是普通话和济南话结合的东西,它不全是济南话。"迎春花儿",有点儿收音,就差这么一点儿。还有《做军鞋》中的伴唱等,听着像普通话,但是它里面有山东的东西,有山东味。

有人说我是"山东民歌的泰斗",我认为过奖了。在这方面我是向美的方向发展的。有时候我也挺着急,山东民歌里面这么多好听的歌,就是推广不出去,为什么?我老考虑这个问题。现在对贾堂霞,我第一条要求就是,要给山东民歌加上美的东西;第二条,要

1980年在山东省歌舞团演出独唱剧照

细腻。

　　我适应能力很强，也能唱别的歌，接触的东西比较全面，比较广，不是说只走山东民歌这一条路子。我既能唱歌剧，其他地区的民歌我也都能唱。1978年，山东省歌舞团复排《洪湖赤卫队》，我饰演女一号韩英。《洪湖水浪打浪》，我还是追求了一个字——美。到了第四场咏叹调，我的感情投入得比较多，因为它的前面是一段叙述，就是叙述韩英从小是怎么成长的，所以到了这里激情必须要出来。"娘的眼泪似"这个"似"就得喘口气，韩英有点儿想哭，但是又不能哭，"娘的眼泪似水淌，点点洒在儿的心上"，这几个字应该怎么唱，我有自己的想法，当然人家也有他们的理解。"砍头只当风吹帽"，是要有激情的。特别是"娘啊"，它既有乐观的东西，又有悲壮的东西。"娘啊，儿死后，你要把儿埋在那高坡上，将儿的坟墓向东方，儿要看白匪消灭光，儿要看，天下的劳苦人民都解放"，像这些地方，在声音上、在气息上，我都有想法，我觉得最后应该是要解放了，这个地方实际上有点儿乐观主义，嘱咐她母亲要怎么样。《洪湖赤卫队》的主题思想对我的教育意义也挺大。

　　演出之后，高玉铭对我评价很高。那个时候他是文化厅厅长，他就叫我上他家里去。我演完了以后上他家里，他对我谈了几点意见。他不是以厅长的身份跟我说话，因为在家里，他比较自然。他说："兆芳，你演得很好，唱得也很好，就是细腻的东西还不够。"他给我提意见，说应该再注意什么地方，但是他对我更多的是表扬和鼓励。

　　再就是我们的团长汤化过。我演出时，汤化过在旁边。他很少表扬人。第四场、第五场的时候,我准备出场,他在旁边就说:"兆芳,你演得好,唱得也好。"这是汤化过的原话,他在幕后就跟我说过这样的话。

后来,我们到烟台拥军演出,也去海岛了。我晚上演《洪湖赤卫队》,白天唱独唱,唱《看见你们格外亲》。所以这个时候我演得比较多,也确实很累。

我演的最后一个歌剧是《洪湖赤卫队》,最早演的一个歌剧是《白毛女》。后来排《江姐》,我担任《江姐》里面所有伴唱的独唱。

1981年在北京参加全国独唱重唱调演和歌唱家王音旋(右)演唱山东民歌《撒大泼》

与人称"山东民歌演唱王子"杨松山在民歌研讨会上

第二节 我的民族歌唱艺术历程

我从1961年开始主演第一部歌剧《白毛女》，然后是《农奴戟》《夺印》《红梅岭》《沈秀琴》，加上《洪湖赤卫队》，一共演了六部歌剧。演出场次最多的是《白毛女》《洪湖赤卫队》，《农奴戟》《红梅岭》《夺印》也不少，都是时代戏。《沈秀琴》是一个反映农村民办教师题材的歌剧，是配合形势的作品。《沈秀琴》没公演，排出来之后都向省委汇报了，后来不知道为什么没演。我印象当中青岛歌舞剧院的领导来看了以后，就说"女主角的嗓子真好"。那时候有安艺坤、李乐贵、徐遵德，分别是唱男高音、男中音和美声的，还有我。他们说"这几个人的声音在山东来说不好找"。

《白毛女》和《洪湖赤卫队》演了数百场。我们下去拥军还演出了《洪湖赤卫队》，《白毛女》在青岛也演过。

我唱过的山东民歌有近百首，再加上外国民歌，总共有百余首。配合形势的东西很多，这些歌都是唱一遍两遍就不再演了。比如说，国家在山东体育中心召开一个全国珠算会议，配合大会马上写了一首歌给我，让我唱，大会上用完了就不再用了。再比如说，微山湖那边的同志创作了歌曲也来找过我，我也唱。后来有的同志就说，"我们还听过兆芳姐姐唱的《微山湖》呢"。这些东西我全忘了。

我一共演出六部歌剧和一部舞剧《白毛女》，独唱、合唱、对唱百余首民歌。为电影《平鹰坟》配唱《沂蒙山小调》。为电影《牙山》配唱，《牙山》是一个农业纪录片。

另外还有舞蹈配唱，只要是山东的舞蹈，配唱都交给我，像舞蹈《做军鞋》《迎春》《纺棉花》，一直是让我配唱。我们团里不管跳什么民族舞蹈，有配唱也都是我来唱。

为党和国家领导人、外国领导人和外国友人汇报演出，包括在部队时期的联欢、跟省领导的联欢，共计300余场。

20世纪70年代初，各省选送优秀的节目参加国庆游园晚会，山东省选送的就是由我领唱的舞蹈《做军鞋》，在北京的天坛公园参加国庆游园联欢演出。

1980年5月，文化部在北京举办全国民歌独唱重唱演唱会，山东选派我和王音旋、韦有琴、庄慧英、杨松山等人参加。到北京后我们住在西苑饭店排练，山东的领队和艺术指导是金西。演唱会在全国政协礼堂举行，我和王音旋合作演唱了对唱《撒大泼》，我独唱了《对花》，受到现场观众的热烈欢迎，我们还返场演唱了山东民歌《小大姐赶集》。

2019年，中共济南长清区党委在大峰山革命根据地纪念馆举办了为期三年的党史展览，馆内展出了我的一个专栏"唱支红歌给党听——李兆芳"。

多年来参加国家民歌的调演、北京的国庆晚会、上海之春音乐会等，共计20余次。多次应邀到高校去讲学，讲授山东民歌并参加相关研讨会。

退休以后，我还参加过一届山东省省直文化厅系统的党代会，当时我是年龄最大的一位代表。

第八章　家庭

第一节　与战友组建家庭

平时听家乡老人讲的，全是封建的事情，比如裹小脚。那时候很多人还裹小脚呢！我为什么没有裹小脚呢？因为家里7个孩子死了6个，就活下来我自己，家里再穷还是挺娇惯，所以我就没有裹小脚。农村跟我年龄差不多的，有的就裹了小脚。中华人民共和国成立以后就不再裹小脚了。为了控制脚不要往大长，家里就给我做小鞋。年轻的时候整天干活，我差不多一个月就能穿一双鞋，地里的高粱茬子一踩鞋就坏了。

1956年到济南市了。我从参加全省文艺会演获奖，就有点儿小名气了，之后被保送到山东群众艺术学校，我就一心一意地学习，关于婚姻问题我没想过。

从学校结业后，我被特招到前卫文工团，刚到"前卫"，傻乎乎的，什么也不懂。话剧队、歌舞队全是老同志，都有对象了。一到星期天，人家两个人就出去玩了。有一个师范学院毕业生叫高文美，她跟我年龄一样大，是分配来的，我们俩住一个房间。一到星期天，什么事也没有，院子里也没有人，我们俩就出去看电影，早上9点吃了饭就到电影院，晚上才回来。有军人电影院、人民剧场，还有一个中苏友好电影院。军人看电影不要钱，我们俩都穿军装，可以随便进。

高文美每天晚上都去军人俱乐部学滑旱冰。她是学俄语的，有时候也唱俄语歌。我印象最深的就是她也会唱新疆民歌。弹钢琴之类的，她都是最好的了，自己弹琴自己唱，五几年的时候，大学生了不得。晚上我就一个人坐在屋里，有时候和战友钻进八一礼堂看电影。成天光看电影，我就觉得有点儿无聊，没事儿干。

后来经常和舞蹈队的队员接触，互相之间也是同志了，说说玩玩，经常在一块。开始我没有谈男朋友的想法，因为我年龄小，他们都拿我当小孩，都逗着我玩。到了1957年下半年，我就开始有想法了。一方面是那个时候我的思想比较传统，觉得21岁了，年龄大了。在农村21岁的姑娘早结婚了，早的十四五岁就结婚了，晚的十七八岁也结婚了。另一方面是有很多人追求我，譬如我去青岛，在火车上都有追求我的，又是留姓名之类的，农村出来的没见过，走哪里都害怕。我就有个想法，赶快找个对象。1957年下半年，我开始和孔德宏接触，他是跳舞的，不能说是尖子，但也算是水平比较高的一个。为什么看上他了呢？他在舞蹈上有一个技巧是很出名的，就是跳起来转四圈。他们学习苏联舞蹈，《行军小休息》

是苏联部队的一个舞蹈，类似《练兵舞》之类的，是反映部队生活的，跳舞时都穿上苏联的服装。《行军小休息》就有这种特殊的技巧，他就是跳起来转四圈，那时候有这个技巧也是万众瞩目的。此

1956年孔德宏在前卫文工团

外，民族舞蹈他们也学得比较多，比如蒙古舞、新疆舞，还有西藏舞，没有自己编的舞蹈，都是从外面学的。他长得不漂亮，但很帅，跳舞的人气质都是很帅的。舞蹈队的同志性格都很活跃，我喜欢这样的人，不是老气横秋的。而且他这个人脾气好，我脾气不好，在家里被惯的。虽然家里不那么富裕，但是家里人都惯着我，我什么活动都积极参加。我就想孔德宏的脾气比我好，将来可以让着我。当时孔德宏给我写过信，他写的信压在我被子底下，我不知道，但被同事看到了。

1956年孔德宏（右二）演出新疆舞后留影

我觉得老孔特别老实，没有花花思想，思想比较传统。关于他的事业、长相，没有考虑，就是考虑这个人的人品、思想好不好，这是主要的。

老孔是舞蹈队的班长，同事们就说他，班长，你和李兆芳去玩玩吧。他们也不敢直说你们俩谈对象，就这样也不简单了。慢慢地，我们俩就发展为男女朋友了。老孔和我谈恋爱，很多人反对，最反对的人是领导。为什么呢？因为他出身于地主家庭。老孔不能入党有两个原因：最主要的原因是出身不好，那时候成分高，又姓孔，在政治上有所影响；另一个是老孔缺乏上进心，对于业务上有什么奔头，将来会怎么样发展，他基本上是满足于现状，没有进步思想。业务上没有太大发展，这是领导对他的看法。

我和他不同，一是我出身好；二是我业务条件好，而且有上进心。指导员就说，你坚决不能跟他好，在政治上、业务上、发展上，他这个人没希望，也就这样了。

1958年上半年，我基本上就和孔德宏确定了恋爱关系。他本来应该是跟着我转业，一块儿上省歌舞团的，但他不愿意来，死活要下农村，他觉得农村比歌舞团好，所以他就转业到长清县文化馆，我就到省歌舞团来了。

我回家跟我父母说过，说我找了个对象，他姓孔，家里什么情况，我怎么想的。我父母也没提意见，行或者不行，都没有提。我父母什么都依着我。我们结婚是孔德宏催的。他去长清县文化馆后，文化馆要比省歌舞团艰苦得多，他受不了那个苦。他从小是在孔府长大的，有保姆照顾他，16岁就参军，生活上不需要自己管，都是供给制。他原来是手不能提、肩不能挑的,到长清那里,劳动劳动不行、生活生活不行,加上三年经济困难,下到农村去,一下子受不了了。他本来想的是农村里多好,自由,空气又好之类的,但是实际情况不是这样。1959年他就要求回省歌舞团,因为有我在这儿。

1959年12月我们登记结婚。当时山东省歌舞团后面是徐家花园,那时候山东省京剧团、话剧团的人员也住在这里。这里的房子很小,给了我们俩一个三四平方米的小房子,就能放一张床,床头有一张很小的破桌子。我们俩就在这小房子里结的婚。那时候结婚很简单,都是一个团里的人,从这个屋到那个屋,根本不兴吃饭,最多就是有点儿糖,喝点儿水。我们就花了一点儿钱买了几包糖,别的什么也没有。于太赏团长为我们主持的婚礼。那时候省歌舞团成立了一年多,只有一个团长,就是于太赏。省文化局来的代表是孙传中,他是艺术处的处长,代表文化局领导来祝贺。我们的副团长汤化过也来了,他是带着我们这一批来的,他在"前卫"是合唱指挥,曾经跟苏联专家学过合唱指挥。他后来从省歌舞团调到艺术馆当馆长了。金西和王音旋夫妇还特地送来了一个精美的台式小梳妆盒作为新婚贺礼,60年了我们一直珍藏着。还有各个队里的一些演员也来参加婚礼了,挺热闹的。当时徐家花园进来以后一片荒凉,就是三个小四合院。我们办婚礼的这个小四合院是最后面的一个,有一个大房子,开会、集合都在这个大房子里面,我们结婚仪式也在那里面举行。参加婚礼的有二三十个人,我们团里的刘炳臣是吹唢呐的老艺人,他给我们吹的唢呐。我们俩把家简单地布置了一下，两张单人床搬到一起，都是公家的床。除了被子是我们自己的凑一块，其他桌椅凳子也是公家的，那时候都是这样。家里的老人也没来，现在想起来我非常后悔，觉得非常亏欠我的父母。他们也知道，来了根本没地方住，都是大集体宿舍，而且也不方便过来。那时候长途汽车一天就一趟，早上起来这一趟车能赶上，到济南的就到济南了，到长清的就到长清了，赶不上，这一天就去不了了。

我到省歌舞团后，我父亲曾来看我，那个时候的车站在北大槐树，回去的时候，早上去北大槐树上车，没上去，他也没回来。他从济南走回老家的，73岁的老人，从济南走到长清，走到下午三四点钟，这是后来他给我说的，我心疼得哭了半天。

幸福来牵手：李兆芳与孔德宏结婚照

结婚证书

第二节　婚后的生活

　　结婚之后，孔德宏就直接调回歌舞团舞蹈队了，舞蹈队的人都是从"前卫"一块过来的。

　　开始时，歌舞团条件很差，住的都是一个个小四合院，房子就是过去的那种瓦房。有一个大一点儿的房间，做了会议室。我们女同志结婚的很少，没有结婚的都住在集体宿舍。排练节目都在院子里，没有地方。舞蹈队练功就在砖地上，最多就是铺一张席子，他们在席子上练劈叉。

　　结婚第二天我们就上班了，孔德宏就出发去参加跃进歌舞团的演出了。就这样，没有什么轰轰烈烈的，也没有说结婚给多少天假，第一天办了婚事，第二天该干吗就干吗。

　　结婚以后，我们俩实际上接触不多，他在舞蹈队，我在演唱队。我比较忙，加上自己各方面水平都需要提高，压力很大，一天到晚累得死去活来的；孔德宏也经常出差，他跟着跃进歌舞团出去演出，大概走了有半年，所以我们见面的时间不是很多。吃饭都在食堂吃，自己不做饭，吃完了各人就干各人的工作。

　　我俩中间也闹过矛盾，我对他不满意的地方，一个是他生活有些懒散；再一个是他卫生观念弱，我是出了名的农村里出来但爱讲卫生的。

　　反正也是吵吵和和、和和吵吵，说句玩笑话，当时那些找我的人都比他有名望，我要不是思想传统的话早和他吹了。1960年，歌舞团排的第一个歌剧就是《洪湖赤卫队》。我怀孕了之后演群众，到外地演出也得跟着去，怀孕8个月了还上烟台呢，那时候也年轻，不太在乎这些。老孔对我从来不管，从来不问。晚上坐火车去北京，他也不去送我，是我们司务长给我拉的行李，把我送上了火车。老孔是个粗线条的人，不知道疼人，譬如说上街，有些年轻人好像是卖帅，每人买一辆苏联产的自行车，上厕所都骑着自行车。我们上街时，老孔在前面慢慢地骑着车子，我在后面跟着跑，我也没有拿这当回事，农村出来的，性格比较泼辣，还照样该怎么着就怎么着。所以，要说有多少大的事，也没有，但这些小事也不少，这是实话。

孔德宏经常说，他当时思想上没有这些认识。老婆怀孕了哪有不关心的，他就没这个感觉，没觉得我怀孕了应该怎么样，还和平时一样，我大肚子上火车他都不知道送。确实是这样，一个是年轻，一个是环境造成的。

第三节 有了孩子

我于1960年9月20日在北京生的儿子，因为济南家里没人，这是第一；第二，北京的条件好一点儿，我是在北京友谊医院生的儿子。这个孩子我一天没带过，孩子满月我就回了济南，老孔北京家里那个保姆李老太太给我看孩子。如果我在济南生产，我父母来不了，没人照顾孩子。我事业心还挺强，什么事都想争个第一，所以就想孩子生了把他放北京，回来接着工作。孔德宏家里有个嫂子，和保姆李老太太一样，也非常同意我把孩子放北京家里。这里面还有一种传统思想，就是我生了个男孩，孔家对男孩很重视。这个嫂子很愿意照顾我的孩子，我也很愿意让她照顾，因为我得回来工作，所以就把孩子放在北京的家里了。

当时的生活条件非常艰苦，譬如说我生了孩子，连个鸡蛋都没有，红糖之类的都没有，正赶上国家经济困难时期，不是说不给你，而是没有，市面上根本看不见。当时我也年轻，24岁，对我来说这些都是小事，都没觉得有什么困难的。1961年就准备排练《白毛女》了，把孩子放在北京了，我就踏踏实实地投身工作。

我这个人太争强好胜了，第二个小孩生下我也没带，交给我们楼下后院的一户居民了。我认为这里近，可以经常过去看。当时歌舞团要自己写剧本，写民办教师沈秀琴，让我演沈秀琴，导演带着所有的创作人员和演员下去体验生活。我对这两个孩子都关心得太少了，就觉得好像业务是第一。

我这两个孩子，特别是儿子维红，也许是遗传吧，音乐天资很好，可惜没赶上好时候，不然，他也可能干了文艺。他是在北京孔德宏的家里长大的，所以受我的影响不是很深。他小的时候都是暑假、寒假到济南，在我这儿待两天，就是待两天，我也没有时间，确确实实带不了他。他那时候五六岁，男孩子非常调皮，有时候实在没办法了，我就带着他去二楼会议室开会。他一下到三楼、二楼就说："妈妈，我不开会。"所以没办法，我就把孩子锁在家里面，把窗户关上，我们住在五楼，现在想想很后怕，万一他把窗户打开掉下去怎么办。但是没办法，那个时候就是这么个情况。我觉得亏欠两个孩子太多了，这是真的。他们没有得到我和德宏两个人多少关爱。在学习上，在各个方面，我都觉得亏欠他们。我的儿子声音挺漂亮，他相当聪明，但是他的优点没发挥出来，我到现在都后悔。

我的孙女现在在国外读研究生。她本科毕业于中央音乐学院，然后又以优异的成绩考入了日内瓦高等音乐学院读研究生，跟随达尔克罗兹学院院长以及科系主任系统地学习达尔克罗兹教学体系，是音乐教育方向的。我的孙女从小只要我抱着她就给她唱歌，她是听着我唱的那些摇篮曲长大的，所以我孙女对音乐也很敏感，可以说是天赋。她的耳朵特别好，我常说她有"三好"：耳朵好、音准好、节奏好！她从3岁在幼儿园里唱歌到在小学合唱队唱二声部获奖，唱歌从来不跟着一声部跑，让我觉得她的天赋太好了。有时候我抱着她哄她睡觉，一听我唱两句"花篮的花儿香"，她就不哭不闹了，慢慢地就睡着了。两三岁的时候，她在楼道里唱歌，一大段一大段的词就唱了出来，音准非常好，邻居们都很惊讶。后来，我就建议让孙女从小学钢琴，她对音乐很感兴趣，最终如愿以偿地考上了中央音乐学院。

和儿子小红

1986年李兆芳夫妇和儿子、儿媳在曲阜孔府老宅前留影

和孙女郊游

全家福

参加孙女在中央音乐学院学位颁授仪式

过生日

老两口的幸福生活

每日阅读

附录1

山东省老艺术家关于李兆芳民歌演唱艺术的座谈会（一）

石志贞： 我和李兆芳老演"娘儿俩"，《洪湖赤卫队》中我演她妈，《白毛女》中演王大婶，还演《双枪老太婆》，反正都是演老太太，都是长辈。

李兆芳唱民歌真是没说的，我来的时候，她和王音旋唱对唱、唱民歌，是一绝，她俩是来得比较早的。我是从安丘来的，我们在基层时唱吕剧、唱黄梅戏。来了一听她们唱，才知道山东还有民歌呢，我们在下面都不知道，唱得是真好。李兆芳演戏也演得不错，演了《白毛女》，后来还演了《红梅岭》《农奴戟》《夺印》。这真是老前辈。

有一次我在赶集，还碰到她的一个"粉丝"，那个人听说我是省歌舞团的，就说李兆芳唱歌可好了，可有名了，还想让我带她见一见李兆芳呢！

徐遵德：李兆芳声音优美、嘹亮，长得又漂亮。她一上台，大家又听她声音又看她人，没有看别人的！我来之后对她的第一印象是她是省歌舞团的第一旦角，梳着个辫子，声音朴实，表演又朴实又甜美，一绝。

她除了演歌剧以外，还担任女声小合唱领唱，唱女声小合唱是主要的。我们两个是老搭档，是一个小组的，在班里面配合得也特别好。来了以后，当时我印象比较深的就是她在演《白毛女》，我们来得晚，都没有参加排练，就是看她们演出，我当群众演员。我是1962年来的，那时候《白毛女》已经演到最后了。在《农奴戟》里她演"洪英"，也是主角，我饰演铁匠，男一号。

袁桂芝：我相对来得比较晚，李兆芳以前演的好多歌剧，像《洪湖赤卫队》《白毛女》，演的时候我还没有来，演《农奴戟》的时候我就来了。我接触得比较多的是女声表演唱、女声小合唱，像歌剧，我基本上没接触过，演歌剧得有表演的天赋，我没有。我1964年来了以后，就经常跟李兆芳表演女声表演唱，女声表演唱，不客气地说，也不是所有人都能唱，最起码声音得能说得过去，站那里形象看上去也不能太砢碜（难看）。

1963年，全省民歌会演发掘了一些不错的作品，也发掘了一些人才。1964年正好赶上"上海之春"音乐会，当时是第四届。它是华东六省一市，江西、浙江、江苏、福建、安徽、山东、上海联合举办的。当时我们在这届音乐会上比较轰动，比较出名，因为当时比较注重弘扬民族、民间文化，注重民歌演唱这些东西。当时山东就派了一队人去，李兆芳和徐遵德两个领唱的跟上海的一组混声唱，这边是男的，那边是女的，跟比赛似的。然后再剩下就是我们这一组女声小合唱承担的责任多一些。女声表演唱比较多，其中有一首《卖豆腐》是李兆芳领唱的，我记不清这是哪个地区的了，就是反映一个老头每天早晨起来做好豆腐、走街串户卖豆腐的故事。我印象最深的就是李兆芳最后那一声喊"卖豆腐来！"，可以用余音绕梁来形容。这声喊就属于表演唱性质的。李兆芳出来的时候，面向观众稍微侧着身喊了一声"卖豆腐来"，那清脆悦耳的声音可以说是贯满全场。下面的观众就跟着"梆梆卖豆腐，梆梆卖豆腐"，正好卡着那个节奏，很多人都要求返场。这首歌好像是1963年从下面吸收上来的。当时在华东六省一市里面，我们山东打得很响。在上海，李兆芳和我还受到了陈毅市长等人的接见。

女声小合唱是省歌舞团的保留节目，是歌舞晚会中最精彩的节目之一。女声小合唱队那时候是山东文艺界的先进小集体，基本都是唱山东民歌。

许荣爱："以土制胜"，当时这个口号就是省宣传部副部长严永洁同志说的。

李兆芳在我们里面是出类拔萃的，一直让我们非常敬佩，所以我觉得写她的艺术人生，是做了件大好事，这也是我们大家的愿望。

我觉得李兆芳在年龄上是我们的老大姐，在资历上是我们的前辈，在山东民歌领域里是大家，我这不是胡说的，她都在我们之上。我和袁桂芝是同班同学，我们俩虽然学了5年民族声乐，但是我们掌握的曲目、风格，比李兆芳差得不是一星半点，差远了。

年轻的时候，我这个人好乱学，一会儿唱京剧，一会儿唱别的，对山东民歌知之甚少，还不怎么学。山东民歌我就唱了一首《送郎应征》，不是毕业以后唱的，我上大二时就唱了。这首《送郎应征》不知道为什么老师非给我，李兆芳说我是第一个唱的。我多说一点儿，我非常感谢魏占河！魏占河给我们留下了一笔巨大的财富，就是《山东民歌集成》。我每次打开《山东民歌集成》都很激动，年纪大了为什么对民歌感兴趣了呢？主要是教学需要，我慢慢地又开始钻研民歌。

今天我想说说王音旋、李兆芳和韦有琴三个人。我认为山东民歌在山东的音乐里面，是领跑的，它占据了我们山东音乐之首的位置。

到后来有一个阶段为什么发展得不是那么好了，这与时代都是有关系的，我也说不清。我琢磨她们这几个人的演唱的时候，还是她们的盒式带出来的时候。她们三个人录了一个山东民歌专辑，我也不是想学，就想听她们三个人到底谁唱得好，想看看这三个人的风格有什么相同，有什么不同，到底谁的优点是什么，我就开始动这个脑子。韦有琴送给我一盘盒式带，那时候有小录音机，我就开始听，听一听之后，就觉得能把她们区分开了。如果不注意听，比如做着饭听，感觉她们三个是一个声音，因为山东民歌都很像。仔细听就不是了，李兆芳的声音突出了美和甜，音色明亮，声音非常透，咬字清晰。韦有琴的声音突出了高亢、豪放。王音旋突出了创新。我觉得别管王音旋教了谁，她的地位在山东都是谁也替代不了的！她和金西永远是连在一起的，金西写了歌，她就唱。他们突出的地方是一些原创歌曲，并且把山东民歌恰到好处地糅合在里面了，所以有时候听起来不知道是原创还是老民歌，他们把山东民歌糅合得太可爱了，太好了。我觉得他们对于山东民歌的发展、创新起到了旗手的作用。王音旋有些歌她想侉，有些歌她想美，有些歌她想创新！她唱的《苦菜花》比较侉，侉得让人浑身起鸡皮疙瘩，她把山东风格掌握得特别好，能一下把人的心揪起来。后来她唱的《我的家乡沂蒙山》《谁能比得上咱》等歌曲都很豪放，并且把山东民歌的那些小东西都揉进了旋律中。王音旋还唱了一首《高山上的百灵鸟》，花腔，当时我就在想王音旋又在创新了，她想在山东民歌里面发展花腔。

韦有琴的声音高亢、豪放，她代表了外面所说的山东人的那种性格。山东人直，说话不会小声，这在韦有琴唱的歌里面都体现出来了。她后来唱的几首歌，像《黑妮做媳妇》是比较典型的，上来就是"大泽山有个黑山沟，哎黑山沟有的是黑石头哎哟"。如果是李兆芳，肯定不会这样唱。

韦有琴取的是山东的艮、侉，这是她的特点。魏占河评山东民歌"四大家"（王音旋、李兆芳、韦有琴、杨松山）各有特色。

李兆芳出生于济南长清。济南人说话语调非常悠扬，非常好听，比淄博人说话好听。我们淄博人都说"你干啥呢"，济南人说"你干吗呢"。语言决定了她的风格亲切、婉转、悠扬。我觉得李兆芳的特点就在于甜、美、柔，她的作品里面好像有点儿江南秀美的东西，比如她的《做军鞋》《看郎》《赶集》。特别是《做军鞋》，成了我们歌舞剧院的精品了，这与李兆芳的伴唱是分不开的，如果去掉李兆芳的领唱，可能现在网上就不播了。赵河写的音乐也很成功，我们为什么那么愿意唱？到现在我们这些老人张嘴就来，没有一个忘的，因为唱了一辈子了，张嘴就是大高音"群山环抱着"，一下子就燃起我们的激情了。这个大激情下来以后，李兆芳接着就唱"小小的钢针儿穿麻线儿"。我们淄博人不会说"线儿"，我们说"线"，所以说李兆芳的演唱没有离开济南语言秀美的特点，我觉得山东民歌离不开山东的土壤。李兆芳在挖掘我们山东人的另一面，就是秀美。包括很多电影，一演山东人就是侉，就是夸张，把山东人的缺点都给夸张了。李兆芳在她的作品里面很注意这方面，不再增加这些东西。

我是在分到山东省歌舞团后参加女声小合唱才比较多地接触山东民歌了。来了以后，我记得我们排过一个《看郎》，里面是三段，可能是袁桂芝领唱一段，我领唱一段，李兆芳领唱一段。当时有个小滑音，"姐儿南院去插花了"，"去插花了"，李兆芳唱的不在音符上，而在音符的中间，如果我唱，可能不这样滑。她对这些作品的处理突出了一个俏。我们山东女孩子在一起是很俏的，别以为我们在一块就光打仗、光咋呼。

同时，她的作品里面也没丢掉朴实，比如《对花》里面的"呀哟呀哟嗬嗬"，她都加上了一些很特殊的东西，我觉得兆芳很注重这些小拐弯、小细腻，她不像韦有琴，如果别人是两拍，韦有琴能拉上四拍，为了突出她的声音又亮又直又豪放，每个人都有自己的特点。在处理作品上，李兆芳这一点是很值得我们学习的。她很细，和她这个人一样，干什么事都很认真。她不光在业务上是我们的表率，在生活作风上，比如说劳动，那时候叫"学雷锋"，也是我们的表率。

譬如说拥军，她先看看解放军的衣服有没有要洗的，解放军伙房的小褥子该不该拆，盖馒头的布发黑了没有，这些地方她都想到了，但是我们想不到。从这些生活中的细节上就能看出她很细，她对业务也是这么认真。

我昨天还说她了，我说："你这一辈子太认真了，这么认真干吗？你都这么大年纪了。"李兆芳一辈子是认认真真做人、认认真真做事、认认真真做业务。我觉得在业务上，在山东民歌领域里，她能占50%，她把山东民歌的另一面、另一种美挖掘了出来。在唱法上，我觉得李兆芳也很好，我们来的时候她就是混声了，不像那种假真声，她不憋、不侉。那时候我们的音域也就到A、G，她都能非常顺利地上去。女声小合唱到High C、降B的时候，她也能喊上去。我们平常的作品基本写到A就算了，因为当年我们这些人的音域就在这儿，作曲家们也知道，写的东西正好适合我们的音域，所以也没有暴露出她的高音有多大纰漏。

后来她给芭蕾舞剧《白毛女》伴唱，唱法都是很优秀的。她跟朱逢博学习，我觉得她学得非常像，回来以后她更加注意美了。她演歌剧《白毛女》，那时候我们还在上学，没有看，正是她的发声方法让她立住了，她才承担了这些歌剧，因为歌剧总是有难度的。

李兆芳塑造的人物大多是很朴实的农村姑娘，都塑造得很好。给我印象最深的就是《农奴戟》，她一出来我们就相信这就是个农村姑娘。因为我没有看《白毛女》，只是看了剧照，我不评价这一点。在《农奴戟》里面，她从形象到唱，到表演，都很到位。

后来我们演自己排的戏《农业学大寨》，她一挽裤腿插稻子，让人觉得就应该是这个样子，这些都来源于她的生活。她在这方面的优势奠定了她在舞台上就是这类角色，别人也没有和她争的，也争不过，而且她天生秀美，个头、形象都挺好。李兆芳在歌剧方面是我们歌舞剧院最好的，在山东民歌方面也是最好的，她有自己的独到之处。

到了《洪湖赤卫队》的时候，她就突破山东农村姑娘、农村妇女的形象，突破她原来演的这类角色了。她可以转到"韩英"这个类型了，能驾驭这种角色了。李兆芳一直很努力，模仿也罢、偷着学也罢，她比别人多下了很多功夫。

演《沈秀芹》的时候，本来我是 B 角，她正好病了，就让我顶上去。前面她排了很长时间，天天在舞台上背、唱，她一病，就抓到我了，我七天就背过了。我就问她："你背词怎么这么难？"后来我想大概因为她在琢磨这个角色。作为 B 角来说，我是在模仿 A 角，这里面本身就省了不少事。

我们女声小合唱队里人才辈出，不光李兆芳一个人，我们里面好多是 1958 年、1963 年民歌会演时上来的民歌手，其中就有石志贞，她的一首《绣花曲》唱遍了全国；还有任桂兰，她唱的《四季花开》，人人都有一个拿手的作品。我现在想想，唯独我们这些学生没有拿手的，老师教什么我们就学什么。后来我的唱法有些改变，风格有点儿转变，更远离山东民歌了，也不研究了。年纪大了，教学生时，民族的、西洋的都教点儿，在教民族声乐的过程中，我就琢磨山东味和江苏味到底有什么区别，这才有了我以上的发言。

李兆芳在政治上也是我的领头人，是我的入党介绍人，是我一辈子学习的老大姐。我和韦有琴入党都是李兆芳和徐遵德介绍的。

李兆芳：我今天非常高兴，非常激动，为什么？因为我们这些老姊妹在一块都差不多60年了，但是像这样坐下来推心置腹地交流，坐在一块谈谈歌舞团或者"上海之春"的情况还是第一次，所以这样的机会实在难得。而且听到这些老同志对我的评价，我心里非常感动，我非常感谢你们，你们讲的一些事我都没想到。比如说许荣爱同志，她把我的一生给我总结了，而且她讲得很有艺术性，很有水平，她能把我们专业上的一些方法、我和王音旋、韦有琴三个人各自的特点讲得很细，很准确。

石志贞同志虽然文化水平也不高，也没经过专业的训练，但是她这个人非常聪明、非常老实。我们都叫她"首席老太太"，《白毛女》她演王大婶，《江姐》她演双枪老太婆，《洪湖赤卫队》她演韩母，她的表演非常朴实、认真，她和我差不多，文化水平都不是很高，但是非常用功。

徐遵德是我的老班长，他是经过大专院校培养的教师，我们俩是一个组的，在舞台上是老搭档，他对我的帮助肯定也很大。这60来年，我们的感情可以说比跟家庭的关系还要深，我跟老伴还不一定比跟他们在一块的时间多呢，我们排练的时候老是在一块。

袁桂芝是山东艺专的高才生。她声音很好，长得也漂亮，在舞台上演漂亮小媳妇的绝对是她。"上海之春"她就演的小媳妇，我一般就是演小姑娘。她恬静、漂亮，在舞台上的动作都比我好看。

这些老同志们平时在一块也打也闹也开玩笑，但从来没有这样认认真真地谈过，机会难得，所以我今天非常激动、非常高兴。我在这里谢谢这帮老同志。不谢不行，没有机会了，我都85岁了。我李兆芳在歌舞团做了一些工作，没有这帮老同志扶着我、推着我、教着我，我到不了现在。

老艺术家徐遵德（左三）、石志贞（左四）、许荣爱（左五）、袁桂芝（左七）参加座谈

山东省老艺术家关于李兆芳民歌演唱艺术的座谈会（二）

孔德宏：李兆芳的艺术人生也六七十年了，留下点儿东西也好，我们感觉也没有什么东西，也不是觉得有多大的影响，但是对李兆芳来说，能把她的艺术生活、她的人生、她的人品这些东西写下来，留给我们家里人，是一件很有意义的事。请一些老同志评价兆芳，听听这些老同志的意见，也算丰富了她生活的一些方面，我感觉很好，特别是一些老同志对李兆芳的帮助很大，非常感谢。

李兆芳：这个说到我心里去了，现在所有的老妹妹、老弟弟，都是扶持着我成长的。我是老大，我们二十几岁就在一块了，现在都七十几岁、八十几岁了，我们有60年的革命交情了，我离开你们谁都不行。

第一个是姚继刚，手风琴是他、钢琴是他，我的相册里有他好几张照片，我们还和姚继刚一块下连队。

任茹绮是导演，给我的帮助也很大。任茹绮在理论上、表演上都很强。有一个阶段我到舞蹈队当指导员，就请过任茹绮给学生上表演课，所以这是一个戏剧表演专家。

尹世瑛是教育家、声乐专家。我们俩在一个班里很多年，在声乐上、在生活中，她对我的帮助是很大的，我心里面永远忘不了她。特别使我受感动的是生活最困难、最艰苦的那个时候，她家里蒸了黄米粽子，她送来给我孩子吃，吃完以后孩子还想吃，我就跟她要去了。尹世瑛说我还有一个，再没有了，我给你。她都给我了。尹世瑛对我很关心。我家里出了我闺女那个事，也是她跑前跑后，我们是老姊妹了，我心里有她。

我们都是一块长大的，可以说是你们看着我成长的；也可以说是我看着你们成长的，我在舞台上也是你们推着我成长的。

我这种文化程度，到省歌舞团来演歌剧，对我来说很难，表演没学过、声乐没学过，但是有了这些老同志的扶持，我完成了任务。我虽然80多岁了，但在山东民歌方面还想做点儿发挥余热的工作，所以我和老伴还有孩子商量，总结我这几十年的演艺生活，他们都同意，就把这个事情做起来了。这一做起来，就需要老妹妹、老弟弟们聊一聊我在过去的工作中有什么不足等。

姚继刚：我1962年毕业分配到歌舞团以后，参加的第一个工作就是复排《白毛女》，当时就在二楼那个排练室里排练。我记得那个排练室好像在路南。我们最早是在省群众艺术馆排练，那时候我还没有来呢。

复排时，整个戏唱完了以后，全体演员鼓掌，我不知道是给我鼓掌。我把整部戏从头到尾弹下来了。后来他们说"你弹得不孬"，其实我当时的感觉是唱得真好。在《白毛女》演出中，李兆芳是A角，田香云是B角。

《白毛女》里面都是大段的唱，不停地唱，当时我还是刚毕业的学生，觉得演歌剧是真不容易，我真佩服李兆芳，觉得她功夫真深。

演唱队这几个唱民歌的同志，李兆芳、王音旋、韦有琴，她们的音色都不一样，特点也不一样。李兆芳的声音明亮，金属声强，声音甜。她跟王音旋、韦有琴代表的是不同的唱法，但都是山东民歌，都属于民族唱法。所以说民歌不是一种唱法，而是有多种多样的唱法。

那天我跟李兆芳谈起来了，谈到1970年在上海学芭蕾舞《白毛女》的事，当时我们都去了。学完以后，各省来学习的必须做一个汇报，让人家审查。我在那里学竖琴，上海芭蕾舞团的主唱是朱逢博，她是济南人，不排练的时候，她经常坐在我旁边，和我说一些济南过去的小儿歌之类的。汇报演出以后，朱逢博就跟我说，李兆芳唱得真好。我就说她演了很多年《白毛女》歌剧了。她说怪不得她唱"喜儿"唱得这么好。朱逢博说的是心里话，因为我们是平常谈话，不是在官方组织的座谈会上发言，当时每个省的人都去了，都唱，一比较就比较出来了。

回到济南后，演出舞剧《白毛女》，都是李兆芳唱，在乐池里面从头唱到尾。有一回还唱冒了调，这是难免的事。整个乐队都停了，就她自己出一个声音，就要这种效果。没有乐队提示，要抓住那个音太难了，抓得住就是功夫。

我在演唱队时担任伴奏，别管是独唱、小合唱、大合唱，都是我弹伴奏，每个演员我都接触。李兆芳所有的钢琴伴奏也是我。咱们演唱队的老同志们最突出的特点就是认真、事业心很强，对工作兢兢业业。演唱队的这些独唱演员和群众演员混在一块都是一样的，没有分你是独唱演员、我是群众演员，大家都非常平等，而且有什么事大家都互相帮助。

那时候为了配合政治任务，我们演了《红梅岭》《江姐》《夺印》《农奴戟》。还去曲阜演出了，在曲阜待了一年，演了《三世仇》《洪湖赤卫队》等很多戏。现在回忆起来，成绩真不小，不光有歌舞，还有这些戏，老同志们在一块儿这么多年了，年纪都也大了，见到老同志们很亲切。

尹世瑛：一提起李兆芳，我心里就暖暖的。我刚才往这里一拐弯看见杨中胜，他看见我也很亲，说你干吗去，我说上兆芳家，兆芳叫我去看看。他说李兆芳两口子可是好人。这是几分钟以前说的事情，一提起来这两口子，大家评价就是憨厚、老实，这个形象马上就出来了。我觉得兆芳确实是很可爱的人。

在没到歌舞团以前，我是看过歌舞团的演出的，当时的独唱演员就是张瑛、王音旋、李兆芳这三个人。张瑛比兆芳和音璇会表演一点儿，她在歌曲的处理上特别细腻，这一点让她沾了大光。嗓子最好的是李兆芳，李兆芳的声带构造、喉气可能是天赋的，自然的共鸣到现在还非常好，声带一碰，非常明亮干净的声音就出来了。就到现在，我还认为我们山东唱民歌的嗓子最好的是李兆芳。

王音旋是唱得非常有味道，像《苦菜花》，她真的是唱出那个侉的味道了。韦有琴是很壮、很朴实。李兆芳的自然唱法很好，不存在换声区的问题。换声区的问题处理不好，就会有点儿艮。但是李兆芳不存在这个问题，她属于先天自然方法好，再加上舞台上的千锤百炼、摸爬滚打，形成了一系列的演唱方法，她从最低声区到最高声区没有艮。她们各有千秋、各有味道，就唱法来说，李兆芳是最好的，是典型的民族的唱法。

李兆芳不光对山东民歌有贡献，对山东民歌的传承也起到了积极的作用。我没到歌舞团的时候听她唱歌，就觉得这个人嗓子怎么这么好，到现在我还很羡慕李兆芳的好嗓子。从中央 C 下面的 A 一直到 High C，她都没有问题，一直能冲上去。可惜的是她没教学，她要是教学的话，总结一下会很棒，她的发声方法应该传承下去。

李兆芳不仅山东民歌唱得好，她的外国歌曲唱得也很好！我们一块儿演出的时候，李兆芳唱的印度的《划船歌》，她一边唱一边表演，很受观众欢迎。那个歌我的本子上还有，有时候我还弹着琴哼哼呢。

李兆芳的路子很宽，她不光唱大歌剧、民族歌剧，《白毛女》是民族歌剧，还唱很多其他的。她的民族唱法放到哪儿都有用，现在不要把民族和美声分得那么清楚。我是美声唱法，但我来到歌舞团后，就让我演韩英了。李兆芳的民族唱法是非常突出的，她的方法非常先进，声音明亮优美，特别纯净。我遇到那么多演员，这样的嗓子就这一个。我觉得李兆芳在专业上很棒。

李兆芳是德艺双馨的艺术家，在德方面，李兆芳也做得很好，干活劳动，向来是跑在前面的，干完这个活，又去干那个活。她很愿意帮助人的，我举个例子，当时我是一个从学校刚出来的学生，让我唱唱歌、表演还凑合，但是让我演歌剧，很多地方我不行。唱歌剧首先要找到歌剧的语言加上发声的感觉，我当时没找着。老百姓为了保护韩英拒绝供出她的下落，韩英看着敌人要杀那些老百姓的时候，她宁愿敌人抓她，她就喊"住手"。我就是不会喊，喊不出来那个高位置，急得我要命，李兆芳说没关系，我在外面替你喊,她就在外面替我喊了"住手"。她把真假声结合得非常棒,所以她没有那个艮。我那会儿讲话位置很低,要是我在台上喊"住手",台下的老百姓根本听不见,李兆芳替我喊完了"住手"以后,我就跑上去。现在想想很可笑,那时候也是组织相信我,让我演了。诸如此类的事情很多很多,李兆芳在业务上一直都是无私地帮助别人。

李兆芳还很愿意学习,我们经常交流,我觉得和兆芳在一块儿非常幸福。

李兆芳说到高音的时候,要假声力量强、真声力量弱,下来到低声区要真声力量强、假声力量弱,这样上下就不会艮。从下到上是相当难的,她这个方法对民歌来说,我认为是登峰造极了。有些音乐界的老前辈都没有李兆芳从底下到上面的唱法好,老前辈的功劳是很大的,但是作为一个学者,我认为李兆芳的发声方法是最棒的,只是她不会说,也没有机会去传播而已。

任茹绮:我叫任茹绮,是山东歌舞剧院退休的导演,明年我就80岁了。我1962年毕业于山东艺专,也就是现在的山东艺术学院,是戏剧系表演专业的第一届毕业生。我师从山东艺术学院院长程慰世和电影导演表演艺术家项堃,毕业后分配到省话剧院,还没报到,便被于太赏团长硬调到歌舞团,王音旋是我的组长。

到歌舞团以后,我首先听到的是王音旋和李兆芳的女声对唱《撒大泼》。她们的演唱是我之前从来没有听过的,表演朴实、诙谐,声音清脆、嘹亮,给我留下了深刻的印象。后来,王音旋调去山东艺术学院了,李兆芳留在省歌舞团。李兆芳在歌剧《白毛女》

《洪湖赤卫队》中成功地扮演了喜儿和韩英两个不同的角色。五幕歌剧《白毛女》是根据晋察冀民间故事改编的，也有很多地方戏曲音乐的元素。李兆芳有深厚的山东民歌演唱功底，得心应手地胜任了这个角色。当时我刚进团，被分配演"张二婶"一角。当大幕拉开以后，我看到了李兆芳扮演的喜儿在一片白茫茫的大雪中演唱了《白毛女》的主题歌《北风吹》，声音嘹亮、甜美，一个天真、可爱、闪光的形象出现在了我眼前，我至今难忘。

当时是没有话筒的，只能靠自身声音的本质和力度，但前台和后台都能听得很清楚。《哭爹》一场戏，她演唱得感人肺腑。作为一个歌剧演员，要有良好的形体表现力，一切都要纳入音乐的轨道。喜儿被逼无奈逃出黄家，边跑边哭，这时一条大河出现在她眼前，李兆芳这里演唱得非常到位。还有一段是"天哪，刀杀我斧砍我"，这段她演唱得非常悲愤，"我说我说我要说"，那种强烈的旋律的跳动和高亢，展示了她内心的仇恨和力量。每场她都能把戏推向高潮，这一切都要有正确的、科学的发声法才能完成。

在这里我不过多评价她的演唱。《洪湖赤卫队》韩英一角演唱的难度也是非常大的，有大段的咏叹调，作为一个歌剧演员，李兆芳是靠声音来塑造形象的，她演唱得完美圆满，不同的角色，她展示了不同的形象。

记得当时我们团在七天里面创作、排练、演出了歌剧《夺印》。李兆芳扮演主角胡素芳。这是我们团自己创作的曲子，在这么短的时间里，她要学会、背会，很不容易。很多时候，日场和晚场都是她一个人演，她从来不说累，从来不给领导提条件。她始终把自己放在低位，每到一处演出，不住单间，和大家一块睡地铺。休息的时候，别人逛街去玩了，她去帮厨，蹲在灶台前烧火、摘菜、扫地、刷锅、洗碗。

人的一生会经历很多磨难，李兆芳也不例外。她经历了人生的不如意和病痛，我们看在眼里，痛在心上，她没有被压垮，我说她是一个坚强的人，应该得到的，她没有得到；我说她是一个奉献者，在她身上散发着浓郁的、纯朴的泥土的芳香；我说她是一个合格的共产党员，她不矫揉、不造作，山东人民的勤劳、纯朴、耿直在她身上得以体现。将近60年的相处令人难忘，我很尊敬她，也很爱她，我衷心地祝愿她健康，愿她和她的老伴孔德宏平平安安、爱情之树常青，手牵着手，开着他们的专车（老年代步车），幸福快乐地驶向前方，那是一片灿烂的霞光。

尹世瑛：李兆芳就是岁数比我们大了几岁，按理说，李兆芳绝对是一级演员，但是她没评上，因为她退休了。她对山东歌舞剧院的贡献是很大的，水平也是很高的。

李兆芳：就凭我的水平，这样我就很满足了。在座的都是我们歌舞团的尖子，都是专家。在你们跟前，我就是小学生。

孔德宏：这是实话，从学历上，从各个方面，没法比。

尹世瑛：不要把学历看得太重，要看实际。

姚继刚：学历在山东歌舞剧院不管用，谁有本事谁来，学历再高，博士来了，唱不好也不行。

尹世瑛：太对了，拿不上台白搭。

孔德宏：学历高了，在理论上还是有一套，不能说学历一点儿用没有。

尹世瑛：在演出团体里面很难说，我是最有体会的。

李兆芳：我觉得姊妹们把我抬得太高了。

姚继刚：不是故意抬高，你就这么高。

尹世瑛：实话。

李兆芳：过去那个演唱队的人都说姓李的太笨了，开始我还认这个账，你们说得确实对。后来我觉得我太冤了，像你们拿过谱子就能唱，水平在这儿，都是大学生。我从不认识哆、来、咪、发、索、拉、西到认识，再到演《白毛女》，都是一个谱子一个谱子对着唱出来的。

任茹绮：排歌剧《夺印》，七天，从排练到演出，李兆芳演胡素芳，她在台上唱，在脚底下打拍子，"四处冒火星"。她比别人更难，更努力，付出得更多。

李兆芳：他们都给我提过，说我脚底下打拍子，我说我心里没有底。

尹世瑛：实际上你是很聪明的，我们在小的时候，家庭的教育、学校的教育都比你好，你什么都没有学过，能这样已经很不错了。我作为一个专业的学者，凭心讲，你现在已经很不容易了，李兆芳绝对是最棒的。

李兆芳：我现在就有这点儿成绩，我们演唱队这帮老同志们都扶持我。姚继刚给我上乐理课，尹世瑛也给我说过，虽然没有正儿八经地给我上课。

尹世瑛：我来的时候，你的《白毛女》就演得很棒了。

孔德宏：实事求是地说就行，当然李兆芳也干了一些工作。总的来说，就是上了学的和不上学的就是不一样，在理论上、理解上，真是不一样，有些东西可能李兆芳能做到，但是她说不出来。像任茹绮确实有学问，要说什么东西，马上就从理论上、实践上全面地表达出来了，这确实很有教育意义。李兆芳就是一句一句地学着唱，跟拿着谱直接就能唱出来的就是不一样。

任茹绮：付出的比别人要多，但是别人不知道。

孔德宏：这个不能说是优点，总归是缺陷，不像人家拿过来谱子就像认字一样。人家拿过来就唱歌，李兆芳就不行。

李兆芳：我非常羡慕他们，看着谱子就能唱词。

孔德宏：对李兆芳来说，当时就应该下点儿功夫提升自己的短板，那时候我就老说这个话，当然她也没那个时间，当时也没办法。像她说的，七天排出一个歌剧来，在音乐常识、音乐理论、音乐水平上，她都不行，脚底下还得打着拍子，让这么一个人来演，确实不容易，也说明她精神可嘉。那时候有一个去上海音乐学院学习的名额，还讨论让她去，结果她离不开，使用率在那儿放着，所以就耽误了，很可惜。那时候我就怨于太赏。

今天谈了以后，我确实有点儿感触。很多人都说李兆芳的人品好，教师节的时候，有一个学生给她发来了一段贺词，就说她的人品太好了，人品好才能唱出这样的歌来。她这话很对，唱歌不单是技术上的问题，人品对业务也有很大帮助。谢谢大家！

李兆芳：我现在只有一个字了，就是"谢！""谢！""谢！"我认为，我也不是说有多大本事、多大能耐，但是尹世瑛说了一点，我有点儿天赋。

尹世瑛：这个天赋就是嗓子好。

孔德宏：魏占河给她写了一篇文章，山东广播电视台播的，里面有一句就是"天生的一副好嗓子"。

李兆芳：这是父母给我的。

任茹绮：这两口子真的和别人不一样，他们是把自己放在低位，不是把自己放高位。他们要想高调，能得到很多东西，但是他们不愿意这样做，他们不愿意麻烦任何人。

老艺术家姚继刚（左一）、任茹绮（左二）、尹世瑛（左四）参加座谈

山东省老艺术家关于李兆芳演唱艺术的座谈会（三）

李兆芳：山东歌舞剧院唱歌、演戏的，不光我李兆芳，在座的都是名家、大家，都是我们歌舞团的台柱子。我们一个一个地介绍，按年龄介绍。

王佩璜，演江姐、演《洪湖赤卫队》中的韩英，还有很多，她也是我们团的元老，是从26军来的。阿璜是当年山东省歌舞团的台柱子，在舞台上，我们俩戏曲演得多一些，她后面又做导演，对歌舞团的贡献是很大的，前一两年她还在教学生。

王美力是从68军来的，到过朝鲜战场打仗的地方，也住过防空洞。

孔德宏：王美力的资格老，在战场上待了5年。

王美力：最后一战，金城战役，我是在最前线的。

李兆芳：这也是老革命、老英雄，十三四岁就参加朝鲜战争，很不容易。她是少数民族，蒙古族，对省歌舞团贡献很大。现在山东歌舞剧院要写团史、院史，这些老同志为歌舞剧院都作出过巨大的贡献，一定会被记录在册的。

下面就是年轻一点儿的了，王素萍、高绪尧，这俩人都是大学生，跟许荣爱这些人一块来的。

王素萍：1964年，我们和许荣爱一起来的。

李兆芳：这些人的到来增加了我们歌舞团的新生力量，这些都是大家。王佩璜和王素萍都演过《江姐》，阿璜是演了多年的"老江姐"了。别看现在都是"老弱病残",当年在舞台上可都是很风光的。

说到写李兆芳的一生,我只能是作为一个代表,有成绩,也有笑话,笑话太多了,是这些老同志们扶持着我。我们在舞台上摸爬滚打了60多年,省歌舞团怎么出的名,这些老人都有功劳。那时候就全国来说,山东省歌舞团是排在前列的,后来成了山东歌舞剧院了,这一帮老同志把青春都献给了歌舞艺术事业,都献给了省歌舞团。

王佩璜:我是1956年认识李兆芳的,当时她是"前卫"的,我是26军的。那时候军区会演,就听说有一个《撒大泼》,一个王音旋,一个李兆芳。那时候常听她们唱《撒大泼》。金铁霖说过山东省是声乐的甲级队,出了这么多搞艺术的名人,像倪萍、唐国强。李兆芳原来在农村就是一个干部,合作社的女社长,后来到了"前卫",和王音旋合作,当时我们觉得她唱得挺好听,就学她的民歌。前不久,山东师范大学音乐学院的院长李海鸥还请她去讲课,讲山东民歌。山东民歌手女的一个是王音旋,一个是李兆芳;男的是杨松山,这些都是拔尖的人才。

李兆芳不光唱独唱,她还领唱。原来我们省歌舞团有一个代表节目叫《做军鞋》,她是舞蹈领唱,从头唱到尾。她还是胶州秧歌的领唱。歌剧她也演过很多,有《夺印》《红梅岭》《农奴戟》《洪湖赤卫队》,最经典的是《白毛女》,演了很多年,所以说她既是歌唱家,又是表演艺术家,比较全面。

王美力:给兆芳出书是件非常好的事,这些老同志干了一辈子，就需要留点儿东西，不留下会是一个遗憾。我们从小就出来当兵了，文化水平的确不行，但是大家都有故事，60年了，有很多的故事。省歌舞团基本是部队的人搭建起来的，为什么省歌舞团基础打得很好呢？就是这些老同志把部队的作风都带来了，这是很重要的，影响了一大批年轻同志。来到省歌舞团以后，这些老同志真的是兢兢业业地工作，不要名，不要利。演《白毛女》，省歌舞团就是李兆芳了，没有别人。她的唱法、表演功力都很好，没有这个能力，绝对担任不了这个角色的。她本身条件就很好，但是她还有自己的唱法，不是原生态的唱法。她还接受了戏曲、曲艺的东西，并且在她的歌声当中都体现出来了。她本身就是山东人，山东民歌的风格她掌握得很好。

我们这些人在一起，业务上谁好谁坏没有任何的计较，好就是好，不好就是不好。像她演《白毛女》，大家都来扶持她，都很关心她，这个地方应该怎么做，跟黄世仁的关系应该怎么处理，跟杨白劳的关系怎么处理，这些问题，老同志们都来帮她，的确处理得很好。她演《洪湖赤卫队》时，我们都在一起。

大家爱护她、扶持她是一方面，她本身的条件也是一方面。

她今天出来了，是大家共同帮助她的，但如果她自己没那个能力，也出不来。像我没有那个嗓子，我出不来。别看我现在这个样，那时候，我没有这么胖，演小孩演得特别多，还有报童。演《红梅岭》里面的大娃子，刚建团的时候演《双双与姥姥》中的一对双胞胎。她出来了，就说明了她本身的优越性。

她很刻苦。在外面给部队演出，没有灯光，只有一个大灯，蚊子都往有灯的地方跑，她一吸气，虫子进嗓子眼了，唱不出来了，她就咳嗽咳嗽再唱。她也很虚心，听听这个意见，听听那个意见。她自己刻苦，大家也帮助她。我觉得歌舞团从建团时起，素质就很高。我们女声小合唱队是省文化厅的先进集体，我们到全国各个地方去演出，有时候最多唱十几首。

王佩璜：李兆芳演《白毛女》是怎么回事？1961年，我们去北京观摩郭兰英的演出，回来以后就开始演，演得不比郭兰英差，反响挺好。郭兰英是山西味，我们是山东味，隔了个太行山。

王美力：李兆芳的民歌唱得是很有味道的，把我们都感染了。我们不是山东人，但是我们出去，给人家一唱山东民歌听，人家就说你山东民歌唱得不错，我说我们有老师，有李兆芳。

王佩璜：要不然现在李海鸥请她去讲课。

孔德宏：对李兆芳来说，她要完成一个节目，比如说《白毛女》，离不开同志们的帮助，这不是说空话。在理解上、音乐素质的提高上，都离不开大家的帮助。当然她的自身条件很好，自己也努力，但更主要的是这些人的帮助。如果王素萍排一个歌剧，比如说排《江姐》，就会排得很快，因为她的资历、她的学问要高得多。

王素萍：《江姐》没有排，全靠看的，当时王佩璜摔在舞台上了。

李兆芳：王素萍是我们演唱队最聪明的一个。

孔德宏：而且她的记忆力很好，过去的事她都记得。

李兆芳：这个东西我们是没办法比的，人家的学历在那里，小学和大学差得太远了。

王美力：文化层次就不一样。

李兆芳：就像王美力刚才说的一样，我是大家扶持起来的，这一点我非常非常同意，而且是衷心地感谢。我就讲一个例子，《白毛女》换场，下来换衣服，四五个人在那儿给我换，弄头的、系扣子的、穿鞋的，一个人一只脚忙着给穿鞋，没有这些人我上不去。不光是这一件事情，很多地方没有这些老同志，我是演不了的。再一点，王美力刚才说得非常好，我们省歌舞团的传统就是大家都互帮互助，没有任何计较。这一帮老同志互相没有一个嫉妒的，否则我刚来了，能叫我演吗？他们都是全心全意地为了艺术帮助我。比如说王佩璜负责化妆，她最早一个去，最晚一个走，兢兢业业。这些人都是部队里下来的，在部队受了那么多年的教育，所以在思想上没有一个"私"字，都是全心全意、无私奉献的。

王美力：不管你演大角色也好，小角色也好，阿璜演江姐，下来照样搞化妆。

李兆芳：那时候哪有现在这个条件，阿璜每天最早一个去，最晚一个走，身体也不太好，演着演着能摔倒在舞台上。

王素萍：她这一摔，摔出我这个"江姐"来了。

李兆芳：省歌舞团那时候为什么打得响？我认为是部队下来的这些文艺工作者在各个方面，特别是在思想方面打下了一个好的基础。

王美力：好多同志都很留恋省歌舞团，留恋省歌舞团的优良作风。一批老同志把省歌舞团带好了，把好的传统、风气带起来了。不管是老的、年轻的，不管是不是主要演员，大家都一样。就说张瑛，张瑛是省歌舞团的主要演员，那时候照样捆电线、收器材、弄灯光，什么都干，没有说她是主要演员了就什么都不干了。我们这些人都是主要演员，什么都会干。

王佩璜：演完江姐以后，我们俩就换身衣服跑群众。

王素萍：省歌舞团确实是有一个好的传统，有一个好的基础，都是这一帮老同志打下的，培养出了李兆芳这么一个歌唱家。我们团王音旋是最早唱山东民歌的，她的特点是比较土，所谓土就是比较泼辣，也比较正宗。韦有琴的特点是比较嘹亮，像《沂蒙山小调》。李兆芳的特点是清脆、甜美，脆而不尖，甜而不腻，而且她是祖师爷赏饭吃的，先天条件很好，声音条件好，个头不高不矮，圆圆的脸、大大的眼睛，演小姑娘最合适了。歌舞团来了这么一个漂亮的小姑娘，嗓子又这么好，大家都帮助她，她自己也非常努力。她的路子比较宽，要是光能唱山东民歌，不能演歌剧，就有一定的局限性。能演《白毛女》还不算什么，能把《洪湖赤卫队》整个演下来才厉害，那不是光唱几首山东民歌就能完成的，所以她的路子挺宽。尽管演了不少的歌剧，但是她的民族风格没有丢掉。有很多人，比如我，为了演歌剧，就丢掉了一些东西。李兆芳包括唱印度歌，都没有脱离民歌。到20世纪70年代末、80年代初的时候，稍微开放一点儿了，有很多外国民歌，像朱明瑛唱的那些，还有少数民族的歌，她也唱，但是她始终没有丢掉山东民歌的基础。

另外，李兆芳这个人很朴实，她演的基本上是农村戏。她的性格很适合这些角色，她自己也非常努力，我们住对门，我知道。后来她也出去唱独唱。

去"上海之春"的时候，我印象太深了。我们一下火车，上海市文化局来接人，都是很惊讶的样子，"这一帮小姑娘太棒了"。我们一上台，一人一个大辫子，一个赛一个地漂亮。我们唱了一个《卖豆腐》，都挑着担子。最后李兆芳在前面领唱"梆梆梆卖豆腐，梆梆梆卖豆腐，卖豆腐来"，下面"哗"就了不得了，我们那一炮打得太响了。江西被安排在我们后面了，他们死活不干，说"山东演完我们就没法演了，不行"，最后把江西调到了前半场，我们演后半场。

山东歌舞剧院这个集体真是太好了，整个院的氛围就是大家互帮互学，尤其是演唱队，我们这个团队非常棒。我就说这些，太激动了。

王美力：省歌舞团的基础打得很好，一定要把这个光荣传统保留下来。

王佩璜：鼓子秧歌、胶州秧歌、海阳秧歌，三大秧歌。

王素萍：我们毕业的时候正赶上咱们团最好的时候，我记得1964年那一台歌舞晚会上有好多舞蹈，现在大都失传了，就保留了一个《做军鞋》。

王美力：李兆芳唱的《做军鞋》感染了我们全体演员，那时候每个人都唱，到现在我们还经常唱这个曲目。我们家的录音机经常放《做军鞋》。没事儿的时候，开着车出去走走，车上的CD也放的是《做军鞋》。

李兆芳：省歌舞团的这些孩子见了我整天说："兆芳阿姨，我们就是听着您的《做军鞋》长大的。"

王素萍：我家也有。我们这帮老姊妹一聚会就先唱这个歌，必唱的歌，李兆芳领唱的。咱们出去上哪儿汇报演出，《做军鞋》都是必有的，是咱们院的保留节目。

李兆芳：基本上领唱就是我的事。

王素萍：所以她的路子比较宽。

李兆芳：陕北的那些民歌也都是我唱，在舞台上纺线，民歌的领唱基本上都是我。

高绪尧：李兆芳是地地道道的农民出身，是走到文艺战线上的农民歌唱家。她的声音特别好，声音明亮，而且自然方法非常好，虽然没进过专业院校学习，但是她的唱法很科学。省歌舞团是一个非常好的环境，因为省歌舞团的老同志都是从部队来的，由26军、67军、68军和"前卫"一部分转业的同志组成的，基础非常好，所以把李兆芳也推上了一个高度。她路子很宽，能演歌剧，能唱独唱，还能唱合唱、伴唱，样样都行，而且她忠于党，忠于人民，党性很强。

现在这帮老同志还在继续为党发光发热，包括带学生、帮助年轻人。我感觉兆芳同志这辈子没白活。

王素萍：李兆芳各方面都比较自觉，对自己要求严格，这是她一贯的做法，从来不给领导找任何麻烦。

李兆芳：演唱队这一帮老同志，现在都七八十岁了，有的都快90岁了，比如说老董，这些人没有私心，干什么工作都是全心全意的，互相之间不是拆台，而是补台，这是我们的光荣传统。一方面是从部队里传下来的；另一方面是这些人从开始、从生下来就是受党的教育，所以每位同志都有一颗为人民服务的心，在工作上都表现出来了。我觉得这一帮老人虽然现在各个方面的条件不行了，身体也不行了，但是他们对山东民歌、对省歌舞团一直充满热爱，从心里关心歌舞团，放不下歌舞团。

退休以后，记得有一次，我们一块组织了一个民歌演唱小组，在我那个小屋里一块儿唱山东民歌，这一帮老人全来了，风雨无阻，我们连着唱了很多山东民歌。但是这个事情没有继续做下去。

高绪尧：可以这么说，郭兰英、王昆是咱们国家民歌的鼻祖，在山东就是王音旋、李兆芳、韦有琴。

王素萍：李兆芳的路子比较宽，我刚才说了，能唱，也能演，而且她始终没丢掉山东民歌的风格。

我原来也是唱民歌的，后来一演《江姐》就混了，让我唱山东民歌也行，但是风格肯定不如李兆芳这么强。后来他们这几个比较老的退了，我主要是演歌剧，再就是唱独唱。后来写歌的都不写山东民歌了，但是我们也得唱，不过民族风格不怎么鲜明了。但是李兆芳始终没有丢掉民族风格。

李兆芳：咱们省歌舞团不能说我李兆芳怎么样，这种说法我接受不了，这是第一；第二，当代山东民歌的奠基人是王音旋。

王素萍：第一个出来的就是王音旋，她的风格也非常鲜明。

王美力：唱《撒大泼》这类的，谁也唱不过王音旋和李兆芳。

王素萍：李兆芳就是路子比较宽。她的个头、形象、身材，演歌剧都非常合适。个子太高的女同志，不好找对手，太矮了演不了女主角。而且她完全没有丢掉山东民歌的风格。

李兆芳：王音旋是最早演唱山东民歌的专业人员。我是1956年和她在一块的，也可以说是最早在舞台上唱山东民歌的。那个时候，我和王音旋唱《撒大泼》，我受王音旋影响很大。《撒大泼》演出以后，效果非常好，下面老是让返场，没办法，我跟王音旋学了好几首山东民歌做备用。

王素萍：在《撒大泼》里面，王音旋演妈妈，李兆芳演女儿，你们这是老一代的《撒大泼》。后来我们也唱《撒大泼》，我演婆婆，曲翠声演媳妇，任桂芳给她配唱，怎么唱也唱不出你们那个味儿来。

王美力：后来高文美也唱过。

李兆芳：省歌舞团里我的"妈"挺多，光换"妈"。

王素萍：那个时候没有什么录音设备，我们演《江姐》的时候都还没有。后来山东歌舞剧院建院以后就买了一套摄像、录音的东西，就能留下一些资料了。

王美力：过去连照相机都没有。

王素萍：我自己弄了一个盘。

李兆芳：你们演《江姐》的时候，我没有演，底下独唱、伴唱全是我的，后来我走了就是任桂芳唱。

王美力：我们这些人唱伴唱是一种享受。

王素萍：我演《江姐》下半场，前半场我得跑群众。王佩璜演上半场，下半场她再去跑群众。

王美力：唱伴唱大家都非常认真，我觉得就是一种享受。

王素萍：我很愿意唱伴唱。

李兆芳：我在下面唱伴唱，所以没有看过这些芭蕾舞剧什么样。《白毛女》一天到晚只要演就是我，从头到尾我就坐在乐池里面，我和赵河在里面待的时间最长了。

王素萍：我们有一个非常好的指挥，赵先生的指挥是真好。

王佩璜：赵河病逝的时候台湾都贴了告示，大陆一个有名的指挥家病逝了。

王素萍：有赵河指挥，演员们非常放心。像我，就是演出那天上午，连起唱段的那部分走了两遍，其他都没走。那天晚上演出，我只错了一小节，他马上就拾起来了，观众看不出来。这个指挥太好了，他走了太可惜了，走得太早了。

李兆芳：赵河对我的帮助太大了。

王素萍：赵河是个大才子，太可惜了。

李兆芳：要不说每个人从心里这么热爱山东歌舞剧院，现在都退休了，还为歌舞剧院操心。正是因为歌舞剧院有这些光荣传统。

王佩璜：我还跟院长张积强说2021年是建党100年，演演《江姐》吧。

王素萍：建党80周年的时候，我们还在一块唱了《江姐》，三代《江姐》，一代、二代，加上于联华，我们一块唱的。

王佩璜：还有《绣红旗》。

李兆芳：我在这里做这项工作，不应该以我为主，主要是弘扬、传承我们山东省歌舞团的光荣传统。不是说为我李兆芳，而是为我们歌舞团这一帮老艺术家。我们都老了，没有机会上台了。

王素萍：这是历史必然的规律。

老艺术家高绪尧（左三）、王美力（左四）、王佩瑛（左六）、王素萍（左七）参加座谈

附录 2

民歌演唱艺术人生
——李兆芳山东民歌演唱体会讲座成功举办

2020年11月6日上午,中国音乐家协会会员、山东省音乐家协会会员、山东歌舞剧院资深民族歌唱艺术家、齐鲁文化艺术名家艺术讲坛民族声乐与歌剧艺术总顾问李兆芳先生在临沂大学音乐学院音乐厅举办了山东民歌演唱体会讲座。山东省社科联社会科学进修学院名誉院长、社会活动家吕季明,临沂大学党委委员、副校长张立富,音乐学院党委书记许崇波,党委副书记蔡相国以及学院部分师生共同出席了本次讲座,讲座由许崇波主持。

讲座开始前,张立富向李兆芳先生颁发了临沂大学客座教授聘书。

李兆芳先生进行发言

  李兆芳先生讲述了自己通过山东省音乐舞蹈会演，被特招为济南军区政治部前卫文工团一名声乐演员，从一个音乐"零基础"、土生土长的农村小姑娘到成为一名民歌歌唱演员的成长经历，以及从一名民歌独唱演员到主演《白毛女》《农奴戟》《夺印》《红梅岭》《洪湖赤卫队》等歌剧的艺术实践和体会。她指出，文艺来源于生活，来源于民间，来源于人民，民歌更是如此，要向民间学习，向生活学习，要刻苦学习，扑下身子学习，只有这样，才能学好民歌，唱好民歌。

  李兆芳先生在讲座中强调，唱好民歌首先要"热爱"，只有热爱民歌，认真体会民歌中的感情，才能唱好民歌；其次，要注意山东民歌的咬字，不同的地方的语言有不同特点，如何既能让听众听懂咬字，又能体现山东语言特色，是山东民歌得以传播的关键；再次，在唱民歌的过程中要注重技巧，山东民歌的许多歌唱技巧可以

李兆芳先生现场指导学生演唱

为民歌增添色彩，特别是一些小的演唱技巧很重要，很关键，它们处理起来还是有难度的，但熟能生巧，只有多加训练，"细琢磨，细处理"，才能演唱自如；最后，李兆芳先生特别强调，民歌不能与民族相隔离，民歌是民族的，民族自信心是民歌的根。要唱好民歌，要坚定民族自信心，要很好地把民歌传承好、传唱好，要通过传唱民歌传播中国传统文化，将优秀山东民歌唱出山东、唱响中国、唱响世界。

李兆芳对沂蒙民歌赞扬有加，她说："《沂蒙山小调》到处传唱，是经典，是世界优秀民歌。这次来临沂，有幸参观了《沂蒙山小调》诞生地，受到了一次深刻的教育，沂蒙的山美，沂蒙的水美，沂蒙山的人民了不起，我们要唱好民歌，弘扬和传承沂蒙精神。"她特别感谢党的培养，感恩自己生活的好时代，她希望青年学生好好学习，唱好民歌，服务社会，报答社会。

向《沂蒙山小调》诞生地赠送中国书画家、山东省美术家协会副主席、济南市文联主席吴泽浩书法作品。左二为山东天蒙旅游开发有限公司副总经理蒋永胜

党委书记许崇波在主持时，表达了对老艺术家的崇高敬意和诚挚谢意。他号召全体师生要向老艺术家李兆芳学习，学习她坚定的信念、高尚的思想境界，始终不忘党恩、跟党走；学习她浓厚的事业情怀，挚爱艺术，始终如一；学习她勤奋学习的精神，不畏艰难，刻苦钻研，精益求精；学习她强烈的社会责任感，服务社会，服务人民，无私奉献；学习她乐观的生活态度，生命不息、奋斗不止，活到老、学到老。许崇波书记希望全体师生通过这次讲座，坚定民族自信心，坚定文化自信，振奋精神，端正态度，刻苦学习，努力工作，为推进学院高质量发展，为社会进步做出积极贡献。

许崇波主持讲座

之后,学院在 A308 会议室召开座谈会,党委书记许崇波、副院长王秀庭和部分声乐教师参加,与李兆芳先生进行了深入交流。与会同志分别表达了对李兆芳先生的谢意和崇高敬意,大家一致认为,李兆芳先生无愧于新中国山东民歌歌唱事业第一代杰出代表,为山东民歌的发展、传唱和传承做出了突出贡献,令人敬仰。

座谈会,左起:许崇波、王秀庭、李兆芳、吕季明

吕季明重申了对沂蒙精神内涵的见解，并对青年教师的发展提出了建议，表达了对学院发展的美好祝愿。

王秀庭指出，李兆芳先生的艺术情怀，对事业的责任感、使命感，为人谦逊的精神和乐观的生活态度值得我们好好学习，我们要把李先生的精神转化为工作干劲，落实到具体工作中去，高标准完成教书育人工作，努力为社会培养更多的合格人才。

吕季明在座谈会上发言

王秀庭在座谈会上发言

音乐经过几千年的孕育、发展、沉淀，经过时代大浪淘沙，留下了精华和珍宝，民歌就是其中一粒闪耀的珍珠，并在音乐史上留下了浓墨重彩的篇章。在中国音乐的发展历程中也涌现出了众多的民歌音乐艺术家，我们会永远记得他们为民歌音乐做出的巨大贡献。

（原载"临沂大学音乐学院"微信公众号，2020年11月7日）

附录 3

山东歌舞剧院民歌演唱家李兆芳成功举办山东民歌讲座

2020年12月16日上午，山东歌舞剧院主办的山东民歌学术讲座在院史馆"艺讲堂"开讲。我院著名山东民歌演唱家李兆芳以"山东民歌演唱的风格及特点"为主题进行了讲座。

李兆芳是山东歌舞剧院老一辈独唱演员，是全国成名较早的民歌演唱家，更是山东民歌杰出的演唱者、继承者和传播者。她聚一生之力，为山东民歌艺术呕心沥血，技高功成，垂范后世，其以丰富的生活积累和舞台实践塑成的演出艺术，深得广大观众的欢迎和业界专家们的敬佩。

李兆芳在讲座中回顾了自己舞台演唱的艺术历程和中华人民共和国成立之后山东民歌的发掘、整理、演唱的历史，全景式讲述了以山东歌舞剧院民歌手为优秀代表的演唱群体62年来精彩的舞台实践，展示了山东歌舞剧院民歌表演团队将山东民歌从原生形态向理论形态拓展、向学术形态升华的缜密思维。讲座通过对山东民歌普及发展的回顾，阐述了山东民歌鲜明的艺术魅力、极高的表演价值和训练价值，以及鲜活的生命力。

李兆芳选取了自己不同历史时期的成长截面，以所演唱的不同特色、具有经典代表性的多首山东民歌为引绪，同时以多首山东民歌的现场演唱及亲切直白的讲述，表达了她对山东民歌的热爱。李兆芳对山东民歌常驻表演舞台、普及传承和教学工作，作了可贵探索。那些蕴含了民族文化气质的山东民歌，在李兆芳的演唱中，在表演形式和声乐实践上已趋于高度成熟。她演唱的《撒大泼》《绣荷包》《对花》《绣花曲》等很多山东民歌，现已常年应用于全国各大艺术院校的课堂教学和表演艺术院团的舞台演出。

中华文明源远流长，在其丰富的艺术宝库里，山东民歌艺术就像璀璨的明珠分外绚丽夺目。民歌展示着民族风情的深层底蕴，将民族文化心理的细腻特征、审美取向形成演唱内容及风格的特色。就山东民歌而言，山东由历史因素形成的生活环境和先天性因素，决定了山东不同地区民歌出现、变异、发展和定型的条件。

在讲座中，李兆芳针对山东民歌的演唱提出了自己三点独到的见解。

第一，心中要有爱，对民歌之爱和对民歌演唱之爱就是对祖国优秀的传统文化之爱。有了发自内心对民歌艺术的真诚之爱，才能在歌中发挥出爱之所期向的殷切之情。

第二，要发挥不同地方性语言的特色和优势，山东地广人众，不同地域的人群有不同的方言，方言是民歌形成的基础，方言与民歌的曲调有着血肉之缘。尊重地方性的语言，学习并运用地方性的语言来演唱当地的民歌，就保持并弘扬了民歌的地方性色彩。例如，山东民歌中打"得儿"的花舌技巧，普通话中称为"卷舌音"的技巧，就是山东民歌的一大特色。山东民歌中的儿化音非常多，儿化音也是构成山东民歌特色的极为重要的方言性元素，如山东民歌《赶集》中就有大量的儿化音和衬词。如果儿化音和衬词的演唱不到位，民歌的地域性风格就会受到影响。

第三，民歌的演唱应当重视技巧和声音，要有追求"韵律美"的强烈意识。演唱者要着重运用中声音域的演唱，这是我们在演唱中最容易获得松弛、甜美的声音的声区，不必一味为追求高音声区所谓高亢尖厉的声音而刻意抬高调门。

讲座现场来自省属艺术高校、省直艺术表演院团的100多位观众对李兆芳95分钟的精彩讲座报以了热烈掌声。山东歌舞剧院山东民歌传承与创新团队、合唱团的青年歌唱家们现场演唱了山东民歌《对花》，李兆芳对演唱给予了充分的肯定并鼓励青年演唱家们多学习、勤钻研，将山东民歌一代代传承下去。

山东歌舞剧院党委书记、院长张积强出席了讲座。张积强说，讲好中国故事，唱响山东民歌，是我院践行文化自信、进行活态传承的一项重要工作。以院史馆"艺讲堂"为艺术讲座的主场，今天是第一次开启使用。李兆芳老师是山东歌舞剧院的老一辈艺术家和我省山东民歌的重要传承人，我院山东民歌传承与创新团队课题组策划实施的山东民歌专题讲座，由我院老一辈艺术家首次成功开讲，为"艺讲堂"开幕带来好彩头。山东民歌今天承载的厚重内涵是齐鲁文化的重要一环，也见证了山东歌舞剧院的发展史。李兆芳老师不仅讲述、展示了山东民歌的艺术魅力，更通过讲座让更多的青年人了解、亲近我们优秀的民族文化，让我们学习民族音乐艺术、继承祖国文化遗产更有抓手，更有动力。

张积强院长代表全院演职员向李兆芳颁发了山东歌舞剧院特聘专家证书。

讲座结束后，李兆芳老师指导青年歌手

老艺术家们在院史馆齐声高唱

（原载"山东歌舞剧院"微信公众号，2020年12月17日）

附录 4

来自齐鲁大地的歌声
——"新山歌社"举办山东民歌专场

"兴民歌之风，扬民歌之韵。"2021年4月8日，我校"新山歌社"举办了山东民歌专场活动，为师生们带来了齐鲁大地上的歌声。

山东民歌是中国传统音乐文化宝库中一颗璀璨的明珠。山东人民通过劳动生产和社会生活集体创作出来的民歌，真实地记录了山东的民风民俗和历史变革，同时也反映出了山东人民的性格特征、精神气质、思想情感和生活态度。这些民歌为建构人们的精神世界发挥了极其重要的作用，是齐鲁文化在漫长的社会历史进程中的重要组成部分。

本期活动特邀嘉宾李兆芳老师是中华人民共和国成立以后山东

民歌演唱事业的第一代杰出代表人。李兆芳老师1936年出生于山东长清西三里一个农民家庭，1956年在山东省音乐舞蹈会演中演唱《绣金匾》等歌曲荣获二等奖后，被选送至山东省群众艺术学校训练班学习深造。同年被特招为济南军区政治部文工团声乐演员，1958年转业至山东省歌舞团任声乐演员。从1961年开始，李兆芳老师在山东省歌舞团排演的民族歌剧《白毛女》《农奴戟》《夺印》《红梅岭》《洪湖赤卫队》等中先后饰演主角。在中华人民共和国成立后的数十年中，她多次为党和国家领导人、国际友人演唱。曾多次在文艺调演中获奖，演唱的作品入选《20世纪中华歌坛名人百集珍藏版——歌坛名人2》《中国民歌唱片》《山东民歌选辑——沂蒙山小调》等，录制山东民歌盒带专辑，为电影《平鹰坟》配唱《沂蒙山小调》，以及为纪录片《牙山》配唱。演唱的代表曲目有《对花》《赶集》《四季花开》《十七八多》《送郎应征》等。

在当天的课堂上，指导教师张天彤教授以山东省所处地理位置和地形地貌特点为开篇，为大家详细介绍了孕育山东民歌的自然环境和人文生态。山东民歌的分布受地理地貌的影响，大致分为五个区域：鲁东区、鲁西北区、鲁西南区、鲁南区、鲁中区。在这些分布区域流传着劳动号子、山歌、小调、秧歌、风俗歌、大调套曲、儿歌、花鼓等不同体裁的民歌。

张天彤老师在课堂上强调，山东民歌是一种古老的地方传统音乐，以小调最为突出，它是山东民歌数量最多、流传最广的体裁。张天彤老师根据目前学界的研究成果，将山东小调梳理为三类：第一类是自明清以来就广泛传播于民间的杂曲曲牌，大多数保留在鲁南五大调、杂八调和俚曲中；第二类是地方歌调，即形成于某地而后又流传于其他地方的小调歌曲，如《湖广调》《马头调》《利津调》《靠山调》等，不少山东民歌选用了上述歌调，因传播地不同而在音调方面发生了变异，但它们真实地反映了该地区和外部民歌交流的状况；第三类主要是历史上曾经称为时调、小曲的一类民歌，如《四季调》《五更调》《十二月调》《对花》《绣荷包》《放风筝》《打秋千》《夫妻观灯》等，题材内容有很强的风俗性，且相同标题和内容的民歌遍布全国，就曲调风格而言，不仅有着大分布区的明显差异，如华北平原地区与西北高原地区的差异，也有小分布区内各个地方间的不同，如鲁中与鲁南的不同。

　　特邀嘉宾李兆芳老师接续张天彤老师的讲解，首先，谈起了她自己的学习和演艺经历，并结合她多年演唱与编创山东民歌的体会，向同学们介绍了山东民歌的演唱特点与特色。其次，李兆芳老师以《对花》为范例，现场口传心授为同学们教唱。应张天彤老师的请求，在教唱的过程中，李兆芳老师反复强调演唱《对花》这首歌的技巧要点。李兆芳老师说，把这首歌的技巧要点掌握好了，再去唱其他的山东民歌，遇到风格润腔的问题就迎刃而解了。张天彤老师把李兆芳老师提示的技巧要点总结为：一、打嘟噜音；二、衬词"嗨嗨"的恰当演唱；三、一些咬字的儿化音；四、演唱衬词时喉波音的运用；五、方言的运用。以上这五点掌握得是否到位，决定了《对花》的演唱风格是否地道。

　　在请学生们上台汇报演唱环节，李兆芳老师告诉同学们，《对花》是山东聊城的一首以"花"为题材的民歌，通过歌者风趣诙谐的问答式对歌形式，表现了青年男女之间的和谐气氛与爱慕之意。歌词中不断出现的"得儿"具有明显的地方特色，并运用了类似笑声的"嗨嗨"腔，凸显了这首歌的独特韵味。李兆芳老师还特别强调，演唱《对花》时一定要用最甜美和最真情的声音来表现。

同学们踊跃上台汇报演唱并请李兆芳老师现场给予指导

随后，李兆芳老师针对《沂蒙山小调》这首歌进行了讲解。此歌原唱为新中国第一代山东民歌演唱家韦有琴老师，后由李兆芳老师为电影《平鹰坟》配唱。《沂蒙山小调》又名《沂蒙山风光》，是在传统民歌《十二月调》的曲调基础上重新填词后才广泛传播开来的，它是山东民歌的代表作品之一。此歌虽名为"小调"，但起句高亢，感情奔放，又带有一些山歌的风格特点。因此，李兆芳老师强调演唱时一定要掌握豪迈和甜美的尺度，恰当地表达对沂蒙山绿水青山的赞美之情，歌颂人民对美好新生活的向往之情。

现场讲解《对花》《赶集》《沂蒙山小调》

为了更好地展示山东民歌的当代传承，本期还特别邀请了山东民歌演唱家、中央民族大学教师贾堂霞进行现场示范。她先后为同学们演唱了《对花》《赶集》《沂蒙山小调》三首歌，不仅让同学们欣赏到了新一代山东民歌演唱者的风采，同时也加深了同学们对山东民歌艺术魅力的切身体验。

当天上午的活动还受到专家们的关注，我国著名男高音歌唱家、中国音乐学院特聘博士生导师阎维文老师，中国音乐学院常任指挥曹文工教授亲临现场，他们对于当天的课题都给予高度评价。

经过当天上午和晚上两个单元的教学、讲解、汇报，张天彤老师总结了李兆芳老师演唱山东民歌时把握韵味的三个要素——衬词、技巧、字眼儿。其中，衬词起到连接上下句、画龙点睛的作用；口腔技巧要运用得自然与轻巧；要把含在歌曲中的故事用情感来表现出来。李兆芳老师和张天彤老师共同希望同学们在学唱民歌的过程中，不仅要掌握演唱技巧、韵味等表演层面的知识，而且要发自内心地去爱民歌。张天彤老师讲道："我们爱唱民歌，是对生活的热爱，是对艺术的热爱，是对生命的热爱，是对祖国深厚的热

活动留影

爱，唱民歌可以增加我们人生的厚度。"

最后，李兆芳老师为同学们送上了真挚的祝福："珍惜现在的时代，只要我们有爱心、热心、诚心，就一定能唱好民歌！希望同学们继续努力，喜欢山东民歌，唱好山东民歌。立足传统，更好地传承和弘扬山东民歌！"

（原载"中国音乐学院青年媒体"微信公众号，2021年4月23日）

附录5

第五次续修《孔子世家谱（新中国谱）》简述

我是李兆芳的丈夫，名孔德宏，是孔子的第77代孙。近35年来，我做的最有意义的一件事，就是参加第五次续修《孔子世家谱》，这也是中华人民共和国成立后第一次续修《孔子世家谱》。

历史上《孔子世家谱》进行了四次大修，共有明天启二年（1622）谱、清康熙三年（1664）谱、清乾隆九年（1744）谱和民国二十六年（1937）谱。这次是我们第五次续修家谱，也是中华人民共和国成立以后第一次续修家谱，意义重大。历经70余年，经历战争、动荡以及天灾人祸，人们的迁徙情况很复杂，给寻访孔子后裔带来很大困难。这次续修的寻访工作历时六七年，我们下了很大功夫，但是能使孔子后裔与之前的家谱接续并传承下去，实在是孔氏家族的大幸。

《孔子世家谱》上下传承2000多年，以其延世之长、族系之明、纂辑之广、核查之实、保存之全，堪称存世谱牒之冠。

家谱中蕴藏着大量有关人口学、社会学、历史学、民族学、教育学、人物传记及地方史的资料，它与方志、正史构成历史大厦的三大支柱。家谱不但对学习、研究有重要的价值，同时还对海内外孔子后裔寻根问祖、增加民族凝聚力、促进祖国的统一有着积极的作用。

我参加了续修家谱的全过程，逐步认识到家谱的重大意义。

1987年，孔德墉（近支堂兄）参加由中国孔子基金会和新加坡哲学研究所于曲阜联合举办的国际儒学讨论会时，国务院原副总理、时任中国孔子基金会名誉会长谷牧向他提出，应该给孔氏家族续修家谱。孔德墉说，1937年，当时的奉祀官孔德成曾修过一次家谱，但他抗战初期去了重庆，抗战胜利后又去了台湾，所以现在就没有人主持修谱了。谷老又说，奉祀官去了台湾，难道修谱就要断掉？孔氏家族修家谱，不仅是你们家族的事，还是中华民族优秀传统文化的传承问题。如果孔氏家谱在我们这一代断了，那我们不就成了历史的罪人？

谷老谈话后，曲阜市政府非常重视。后国务院台湾事务办公室通知曲阜市政府，可以续修孔氏家谱，也通知了孔德墉。9年后，即1996年，孔德墉代表在大陆的近支兄弟去台湾同孔德成商谈，得到他的认可和同意。孔德墉和孔德成也是近支兄弟，孔德成是长支，孔德墉是二支，我是三支。孔德成去台湾后，孔府所有事务均由孔德墉的父亲孔令煜来管理。

孔德墉牵头，让我在国内联系近支兄弟，经过"文化大革命"，兄弟们都失去了联系。我们兄弟是昭焕（第71代衍圣公）先祖的后代，到我们传至德字辈，当时还有21位健在的。这21位都是男士，有住在四川的，有住在陕西的，有住在北京的，有住在河南的，有住在浙江的，等等，分布在全国各地。这21个人慢慢地联系上之后，大家都同意续修家谱，都很支持，但是都不知道怎么弄。

民国二十六年谱（简称《民国谱》）是一个很重要的资料，没有《民国谱》就不可能有现在这个谱。《民国谱》全谱共154册，收录了56万人。那时候没有电脑，都是手抄手写，弄了7年。我是1933年出生，正好赶上入谱。

孔德墉从台湾回来之后就筹备于当年10月在故乡曲阜召开启动会议，并成立了续谱办公室。当时阻力很大，有的人一听修家谱，就很冷漠，有的甚至非常抵触，说什么年代了，还搞那些封建的东西！

济南续谱办公室成立初期做具体工作的就两个人，一个是我，另一个是孔德威。我和孔德威是什么关系呢？我们两个人的爷爷是亲兄弟，我的爷爷叫孔祥霖，孔德威的爷爷叫孔祥霈。所谓的工作就是偶尔有人要入谱了，得填写一份个人信息表。那时候还没有正儿八经的办公地方，就在我们家里办公。

续谱还有谱费，历史上都是这样的，只要入谱就要交谱费，不交谱费不能入谱，很严格的。刚续谱哪有钱？先期的投入全部由孔德墉出资。

后来我们租了济南市科协的房子，有了正经办公室之后，就召集了一些人，孔氏族人来的也多了，寻根的、入谱的，送来个人信息表后，我们来考证、审核材料。他爷爷是谁，家里怎么回事，他为什么入谱，都得考证、审核，然后决定能不能入。这时候大家就开展工作了。开展工作，就要找各地的族人入谱。比如说住在牟平的，必然是牟平派的。从牟平这一支往下找，一查就查到了，就可以接续了，这是一个方法。有的比较好找，比如说牟平有一个大家族，这个大家族有一个老谱，如果要入谱的这个人自己还有谱，他把这个老谱弄好之后直接送来，和《民国谱》一接就行了。这是最主要的一个寻找的办法。

另一个就是查全国地图，怎么查呢？比如听说平阴县有个孔家村，这就厉害了。为什么叫孔家村？必然那个地方的人大都姓孔，就是说他们可能是孔子的后代，平阴孔家山就是这么找出来的，这个村还有孔庙。之后我们就以办公室的名义给孔家山写了一封信，由孔氏族人收，说我们要修谱了，你们可能是孔家的族人，看看要不要入谱，信的内容还包括我们的宣言之类的。我们都是这样写信的。孔家山党支部书记也姓孔，他联系我们，我们就请他来了，他了解情况以后，认为是真的修谱。回去以后，他就组织了一个办公室，一查他是平阴支，这在民国谱上是有的。通过这个办法，我们查出来了好几个。

有一次，我们看电视的时候，正好看到新闻节目报道，长清县后朱村党支部书记领着社员春耕，党支部书记姓孔，这个事必然得去问问，到底村里是不是有姓孔的。到了长清县文化馆一问，对方说后朱村都姓孔。我们就去后朱村了，到平安店以后，离后朱村还很远呢，那时候没有汽车，我们后朱村挨着黄河，到那里找到村主任，这样就算是联系上了。我和孔德威去了好几趟，都是步行来回。吃饭就在小摊上花几毛钱买个馒头吃，真是上山下乡，太艰苦了。这也是一种续谱的方法。

还有一种方法就是直接去。到村里、县里、地区去找这些领导。比如说我们到了四川泸州，找到当地的民政部门，说我们是续谱的，把这项工作的意义跟他们一说，他们就给我们介绍了一些姓孔的族人，然后我们开座谈会，讨论续修家谱的工作。

就是用这些办法，慢慢地，各地都成立了续谱办公室。全国共成立了400多个办公室。有的一个村里可能就有一个，当然不是每个村里都有，有的一个县可能成立一个。当然相关费用也是孔德墉出的。

全国400多个续谱办公室，收到的入谱费有一个分配办法，比如说百分之多少交给总部，百分之多少留作当地办公室费用。但是分配比例是灵活的，根据情况，有的地方穷点儿就多留点儿。韩国、美国、东南亚等都有办公室。

可以说从1987年我和孔德墉知道续谱后，一直到现在我的脑子就没离开过续谱这件事，虽然它已经结束了，已经颁布新谱了。我觉得这有一个原因，就是我对续谱的意义的了解加深了。

这次修谱确实很难，李兆芳觉得她应该积极地支持我们。所以有时候我们有什么零碎事了，她就帮着干干或者跑跑腿，事无大小，都积极地帮助我们，当然这是无偿的。常来办公室的人都开玩笑，叫李兆芳"政委"。

第五次修谱完成后，2009年于曲阜举行了颁谱仪式，由北京的文化艺术出版社出版。全谱出了400多套，从孔子开始所有的支派都有。一套共80卷，包含约200万孔子后裔。

总谱在举行颁谱仪式时就开始发行了。图书馆要，学校要，山东大学就要了两部。国家图书馆、山东图书馆都有。有的是孔德墉送给他们的。中国台湾、香港地区以及外国也有。现在还有一些在曲阜放着，还可以买到。

除总谱外，还出了许多分谱，便于各支派收藏。我们这支叫大宗户。为什么叫大宗户呢？因为我们这支是从54代"衍圣公"孔希学这里开始的，这个人是我们的祖宗。从孔希学的老大繁衍下来的叫大宗户，是直系下来的，最正宗的。孔家有一个错误的观点，就是只有属于60户才最光荣，因为60户是直系下来的。为争这个事，续谱还发生了问题，有的明明不是60户的，非要进60户。在我们工作中，遇到太多的事情，我们都一一解决了。

总之，我非常光荣地完成了一件具有历史意义的文化事业！也算为社会留下了一笔财富吧！

13年的续修工作，让我深深感觉到这项工程的深远意义。在我耄耋之年能参加续谱工作，我感到发自内心的高兴、光荣和骄傲！

我非常感谢我的五哥德墉（他排行老五）给我这个机会，让我参加这项具有历史意义的工作。在此，也感谢我的夫人李兆芳，在我参加修谱的日子里给予我的诸多鼓励和全力支持!

孔德宏

2021 年 12 月 30 日

孔德墉会长（中）赴台北拜会孔德成及其夫人，商讨修谱事宜

孔德墉（中）同堂弟孔德宏（左）、孔德威（右）考证、研究修谱资料

《孔子世家谱》第五次续修第一次筹备会议

《孔子世家谱》第五次续修发起人合影

孔德墉会长及修谱办公室工作人员参加颁谱仪式

孔德宏全家参加颁谱盛典

李兆芳和孔德成的二姐、全国政协委员孔德懋在一起

李兆芳和钢琴家孔祥东在续谱办公室留影

1960年孔德宏夫妇年和孔德墉（右）会长合影

孔德宏夫妇和孔氏族人参加祭孔大典

孙女垂璨在台湾和台湾分会会长孔祥祺合影

孔德宏带孙女参观学习家族续谱

附：孔德宏简介

孔德宏，男，汉族，孔子后裔，中国民主同盟盟员。1933年2月生于北京。在北京读小学及初中。1949年1月入伍参加革命工作，在山东省军区文工团（后为济南军区政治部文工团）任舞蹈演员。1954年初参加中国人民解放军赴朝鲜慰问团，在朝鲜慰问演出10个月余。1958年7月转业到长清县文化馆。1959年12月和战友李兆芳结婚。

1955年孔德宏在前卫文工团

1960年调至山东省歌舞团任舞美队队长和舞蹈演员。1986年12月离休。

孔德宏是孔子世家谱续修工作协会第五次续修《孔子世家谱（新中国谱）》的组委会办公室主任和主要编修成员。

孔德宏（前排右四）与近支兄弟姐妹在孔府家中合影

1954年孔德宏参加抗美援朝慰问演出时在"三八线"留影

孔德宏夫妇带孙女祭拜先祖

附录6

曲名	二维码	曲名	二维码
撒大泼		送郎应征	
做军鞋		剪窗花	
对花		黄县绣荷包	
沂蒙山小调		音乐半小时	

后　记
——传承山东民歌　感恩伟大时代

　　从 2020 年 8 月初，吕季明同志来我家讨论确定编辑出版《李兆芳民歌演唱艺术人生》一书，到 2021 年 8 月，已经整整一年时间了。

　　一年来为配合编书，我和老伴儿孔德宏找照片、查资料，与山东歌舞剧院的老艺术家们座谈讨论，同时受邀去革命老区临沂大学音乐学院讲学，参加山东歌舞剧院"艺讲堂"讲述山东民歌，受邀去中国音乐学院和山东国学讲堂讲学并传唱山东民歌，还参加了山东民歌诸多的传承活动，忙得不亦乐乎。在这期间，我先后荣获了临沂大学颁发的客座教授荣誉证书和山东歌舞剧院颁发的特聘专家证书。

　　北京世界孔子后裔联谊总会会长、94 岁高龄的堂兄孔德墉，自始至终倾全力支持本书的编辑出版工作，多次提出指导建议，并为本书题词。今天《李兆芳民歌演唱艺术人生》一书即将付梓面世，我们全家特别高兴，这也是继2009年第五次续修《孔子世家谱（新中国谱）》正式出版发行后，我们家族的又一件大事。

2020年8月，《李兆芳民歌演唱艺术人生》一书立项之初，原文化部副部长、中国艺术研究院名誉院长、全国政协委员王文章同志，于第一时间为本书题写了书名，同时考虑到编辑出版工作的需要，在百忙之中还分别采用直行和横排两种方式共题写四幅书名并快递过来，在此深表感谢。

我国当代声乐大师、中央音乐学院94岁高龄的郭淑珍教授，在2021年国庆节得知这一消息后，当即对我这个长清老乡表示支持，后经堂兄孔德墉介绍在北京和郭老见面，郭老与我交流了民族声乐演唱体会并欣然为本书作序。

感谢著名学者、北京大学光华管理学院原党委书记、副院长、博士生导师王其文教授，中国书画大家、济南市政协原副主席吴泽浩先生，著名诗词家、方志学家、北京市社会科学界联合会原主席陆奇教授，山东省文化厅原副厅长周艺同志等，为本书的出版或题词或赋诗。

本书的编辑出版工作始终得到我的工作单位——山东歌舞剧院的全力支持。山东歌舞剧院党委书记、院长张积强同志多次了解情况，指导协调有关部门参与具体的编辑工作，并为本书题写了祝贺寄语。

山东歌舞剧院老干部党支部支持、参与了本书的编辑工作，这也成为老干部党支部庆祝建党百年华诞的一项工作。

感谢为编辑本书而出席山东民歌传承座谈会的老艺术家——我

李兆芳

的老同事们。他们是（按发言顺序排列）：歌唱家石志贞、徐遵德、袁桂芝、许荣爱，钢琴家、作曲家姚继刚，歌唱家兼艺术指导尹世瑛，导演任茹琦，歌唱家王美力、王佩璜、王素萍、高绪尧和田玉恒。他们的发言，为本书增添了光彩。

感谢教育家、演奏家、指挥家、中国音乐学院曹文工教授力荐我到中国音乐学院讲授山东民歌。

2021年4月，中国音乐学院研究生院副院长张天彤教授邀请我赴该院主讲山东民歌专场。曹文工教授和著名歌唱家、中国音乐学院特聘博士生导师阎维文都亲临讲座现场。张天彤教授强调通过学习演唱中国民歌来增加自己人生的"厚度"的观念，我完全认同。感谢张天彤教授对我讲学、演唱的学术解析和全面总结。

感谢参与本书编辑工作的山东歌舞剧院老干部党支部书记、大提琴演奏家刘萍同志和著名学者、山东大学文学院王培元教授。感谢在本书的前期工作中，对本书老照片的遴选、修复、整理做出贡献的著名学者型摄影家、济南市摄影家协会名誉主席李瑞勇同志，山东歌舞剧院著名主持人张建峰同志等。

感谢临沂大学副校长张立富同志、音乐学院党委书记许崇波同志和院长王秀庭同志，以及全体师生的大力支持！

本书根据我口述的内容编辑而成，累计50余小时的口述，将数百万字最终精结为十余万字成书，感谢速记专家姚红丽为此付出的巨大心血和艰辛工作。

感谢为出版本书付出辛劳的文化艺术出版社的编审人员。

最后，我要特别感谢本书编辑出版工作的组织策划者——山东省社科联社会科学进修学院名誉院长吕季明同志。他为本书的编辑、统稿，和姚红丽多次往返我家，披阅增删，几易其稿。吕季明作为山东省著名的齐鲁文化倡导人和社科文化学者、社会公益活动家，展现出优秀共产党员的崇高境界，令人感动。

我是从山东长清走出来的贫苦农民的女儿，中华人民共和国成立以后，光荣参军成为原济南军区政治部前卫文工团的独唱演员，后来转业到山东省歌舞团（现为山东歌舞剧院），直到退休。我能从一名农民歌手成长为省直专业院团的一位歌唱家，并被誉为"第一代山东民歌演唱群体的杰出代表"，是山东民歌成就了我的艺术人生，我的成长得益于党和国家的培养、人民的哺育，我深深感恩党和国家，感恩这个伟大的时代！

2021年是中国共产党建党100周年，我作为一名老共产党员和音乐工作者，虽然已经85岁了，但仍然时刻心系山东民歌，以出版本书祈愿山东民歌能更好地发展，为山东民歌的传承稍尽我的绵薄。

李兆芳

2021 年 8 月 21 日